GUÍAS PRÁCTICAS DE JARDÍN

El JARDÍN *culinario*

ANDI CLEVELY

BLUME

BLUME

❖

Título original:
Kitchen Garden

Traducción:
Jorge González Batlle
Cristina Rodríguez Castillo

Revisión científica y técnica de la edición en lengua española:
Xavier Bellido Ojeda
Experto en jardinería
Asesor en plantaciones y reformas

Coordinación de la edición en lengua española:
Cristina Rodríguez Fischer

Primera edición en lengua española 2001

© 2001 Naturart, S. A. Editado por BLUME
Av. Mare de Déu de Lorda, 20
08034 Barcelona
Tel. 93 205 40 00 Fax 93 205 14 41
E-mail: info@blume.net
© 1999 HarperCollins Publishers, Londres
© 1999 del texto, Andi Clevely

I.S.B.N.: 84-8076-391-4
Depósito legal: B.41.573-2001
Impreso en Edigraf, S. A., Montmeló (Barcelona)

CONSULTE EL CATÁLOGO DE PUBLICACIONES *ON LINE*
INTERNET: HTTP://WWW.BLUME.NET

Contenido

❖

INTRODUCCIÓN

SON MUCHAS LAS RAZONES, *a cuál más convincente, para cultivar nuestros propios frutales, hortalizas y hierbas aromáticas, aunque sólo sea por el placer de contemplarlos y saber que tarde o temprano acabarán en nuestro plato.*

El hecho de poder obtener alimentos del jardín se ha convertido en una actividad apasionante que, además, proporciona a quien la practica un gran sentido de autorrealización. Confinadas antaño a una zona separada del jardín, las hortalizas solían quedar relegadas a uno de los extremos del mismo para que no se vieran, e incluso se cultivaban fuera, en una parcela distinta. No obstante, los jardineros de hoy en día dejan atrás estos prejuicios al tiempo que redescubren una tradición tan antigua como es la de integrar en un mismo espacio las aplicaciones prácticas de las plantas de flor y la innegable belleza de las comestibles con el fin de crear un todo artístico y armonioso.

Los gustos también experimentan cambios gracias a los cada vez más frecuentes viajes al extranjero, así como a la consolidación de una cocina cosmopolita, lo que nos ha permitido descubrir una gran variedad de plantas aptas para el consumo mucho más atractivas y diferentes a las que hasta hace poco estábamos acostumbrados. Si bien las tiendas de comestibles tienden a centrarse en unas cuantas variedades de frutas y hortalizas, lo cierto es que hoy en día el aficionado a la horticultura tiene a su disposición un enorme abanico de variedades diferentes, exóticas o rescatadas del pasado.

El hecho de que uno mismo pueda cultivar sus propias plantas permite comer hortalizas no sólo mucho más frescas, sino además con un color y un sabor difíciles de encontrar en las que se adquieren en las tiendas. Además, permite la posibilidad de cultivar en grandes cantidades las hortalizas que más nos gustan, a veces difíciles de encontrar de otra manera, y congelarlas o ponerlas en conserva después de recolectarlas directamente del jardín. Aunque también hay quien prefiere cultivar un poco de todo a lo largo de toda la temporada. El cuidado de las plantas depende de cada uno; sin embargo, cada vez son más los que

◁ **ES SORPRENDENTE** *lo que se puede llegar a cultivar en un huerto, siempre y cuando, claro está, se aproveche al máximo el espacio disponible. Una planificación cuidadosa permite obtener cosechas sumamente productivas durante todo el verano y parte del otoño.*

◁ **LOS RINCONES SOLEADOS** *constituyen emplazamientos ideales para los jardines culinarios, ya que los muros adyacentes proporcionan calor y protección a las plantas. Algunas de ellas, como el cardo, el ruibarbo, la espinaca o el guisante, resultan ornamentales y sabrosas a un tiempo.*

optan por el cultivo «orgánico», sin tratamiento alguno con productos químicos, para de ese modo estar seguros de que lo que comen no lleva aditivos.

No se deje acobardar ante la idea de tener su propio huerto. La mayoría de las plantas que se suelen cultivar en él requieren los mismos cuidados básicos que las de cualquier jardín. Ni tan siquiera es preciso disponer de una gran extensión de terreno. Ahora bien, si ése es el caso, tal vez prefiera agrupar los distintos árboles frutales en un mismo espacio acondicionado para la ocasión, dedicar otra sección para las hortalizas que se cultivan en largas hileras o bien crear con hierbas aromáticas un jardín formal y decorativo. De todos modos, hasta del jardín más modesto se pueden obtener abundantes cosechas. Para ello, basta con plantar en un rincón de tierra fértil unos cuantos fresales o alternarlos con lechugas de verano, delimitar un sendero con matas sucesivas de perejil, plantar unas cuantas zanahorias al pie de un manzano guiado en espaldera, o bien enramar hortalizas trepadoras, como las habichuelas o los pepinos, sobre unos soportes verticales de modo que combinen con la exuberancia de otras plantas trepadoras de flor.

Por encima de todo, al cultivar sus propias plantas tiene la seguridad de que éstas conservan todo su sabor y frescura. Un buen plato depende en gran medida de la calidad de los ingredientes con que se cocina, muchos de los cuales se deben cosechar momentos antes de su uso para que de ese modo conserven intactas todas sus propiedades. Los éxitos obtenidos en la cocina suelen traer consigo un renovado interés por los alimentos naturales, al tiempo que constituyen un colofón inmejorable para el placer que supone sembrar, cultivar y cuidar el propio huerto.

5

Andi Clevely

ANDI CLEVELY

Diseño de un jardín culinario

Pocos son los jardineros que tienen la suerte de poder elegir a su antojo el lugar exacto para su huerto y, dado lo difícil que es dar con un emplazamiento perfecto, es importante saber cómo sacar el mejor partido al lugar elegido. Tenga en cuenta que a veces resulta más práctico alternar las hortalizas y los frutales con el resto de las plantas del jardín que cultivarlos separados y fuera del alcance de la vista.

△ CUANDO EL ESPACIO *lo permite, se acostumbra a plantar las hortalizas en hileras, ya que de ese modo se tiene un fácil acceso al terreno tanto durante el cultivo como en la cosecha.*

6

APROVECHAR EL ESPACIO

❖

Tanto las vallas como los muros, incluidos los de la propia casa, ofrecen un espacio adicional a la hora de cultivar plantas tales como arbustos y árboles frutales guiados, así como hortalizas de porte erguido o trepadoras, como las judías, los guisantes, las tomateras y los pepinos. La mayoría de las plantas prosperan sin problemas en macetas o en cualquier otro tipo de recipiente, con lo que se pueden agrupar diferentes frutales, hortalizas y hierbas en un patio interior o incluso en el balcón.

PROTECCIÓN

Una exposición excesiva al viento puede tener efectos devastadores sobre las plantas. De hecho, incluso la brisa más ligera puede mermar las cosechas, mientras que el viento intenso impide el desarrollo de las plantas o las lastima. Muchos jardines suelen estar cercados por medio de vallas, muros bajos o paredes que hacen las veces de parapetos contra las inclemencias del tiempo. Ahora bien, cuando las plantas quedan excesivamente al descubierto, no está de más protegerlas colocando un seto de arbustos, por ejemplo, o bien una valla recubierta de alguna planta trepadora a modo de cortavientos. También dan muy buenos resultados pantallas de temporada o estacionales realizadas con guisantes dulces, alcachofas, maíz o frambuesos.

ASPECTO

La mayoría de las plantas necesitan la máxima cantidad posible de sol para crecer sanas y a buen ritmo, si bien algunas hortalizas delicadas agradecen algo de sombra en los meses estivales. En cualquier caso, asegúrese de que las pantallas no proyecten demasiada sombra. A veces es conveniente aclarar las ramas bajas de los árboles de modo que dejen pasar más sol, así como recortar los bordes o setos demasiado altos, ya que éstos no sólo proyectan sombra sobre las plantas, sino que impiden la circulación del aire durante las noches más frías, con lo que las zonas deprimidas del jardín acaban como un auténtico congelador. A la hora de diseñar el jardín culinario, fíjese en las zonas donde el rocío tarda en deshacerse y en los muros que reciben más sol; ubique las plantas según sus necesidades.

△ CUANDO LA INESTABILIDAD *atmosférica es la norma, sobre todo a finales de primavera, las hortalizas más delicadas, como los calabacines, agradecen algún tipo de protección una vez trasplantadas.*

△ **INTENTE ALTERNAR** *de manera informal bancales con plantas de diferente tipo junto con algún macizo de flores.*

DISTRIBUCIÓN

Una posibilidad consiste en distribuir las plantas en hileras a lo largo y ancho del terreno disponible, aunque son muchos los jardineros que prefieren dividir este último en pequeños bancales de forma cuadrangular y delimitados con ladrillos o tablones, o bien de forma alargada, de 1,2 m de ancho, de manera que se pueda acceder al centro de los mismos desde ambos extremos sin necesidad de pisar el terreno cultivado. En ambos casos hay ventajas e inconvenientes, pero precisamente uno de los atractivos de cultivar uno mismo su propio jardín es la posibilidad

de experimentar con todas las opciones. Deje siempre senderos lo suficientemente anchos, de forma que se pueda acceder a todos los rincones del jardín. Obviamente, debe haber una toma de agua, ya sea ésta un simple grifo o un tanque en el que se vaya acumulando el agua de la lluvia. Asimismo, es conveniente reservar un espacio en las proximidades para el compost y las herramientas de trabajo.

PLANTAS PERENNES

A la hora de diseñar un huerto, es importante elegir, en primer lugar, el emplazamiento de las plantas perennes. Muchas veces se suele diseñar el jardín a partir de los árboles frutales y las plantas arbustivas, pero lo cierto es que hay otras muchas plantas que permanecen en el mismo lugar año tras año, como es el caso de las esparragueras, las alcachoferas, el ruibarbo o las hierbas aromáticas perennes. La mayoría de las hortalizas anuales se suelen cambiar a una zona de tierra no cultivada para así evitar la acción de las plagas y las enfermedades.

▷ **EL ANCHO IDEAL** *de los senderos dependerá de su finalidad. En los arriates de hierbas bastan 30 cm, cifra que debe aumentar hasta los 90 cm en las zonas donde ha de pasar una carretilla.*

El jardín culinario ornamental

La disposición de las plantas en hileras perfectamente rectas y ordenadas suele dar muy buenos resultados, aunque ello no impide que se puedan utilizar los frutales, las hortalizas y las hierbas para diseñar un original jardín de arriate mixto o uno de flores. Y es que muchas de estas plantas poseen unas formas y unos colores capaces de rivalizar con los de las plantas decorativas tradicionales.

△ **LAS COLORIDAS**
lechugas rizadas crecen sin problemas en bancales con los bordes de madera y en compañía de capuchinas, cebollas y borrajas.

8

▷ **SAQUE TODO** *el partido a las cualidades decorativas de las hortalizas plantándolas de manera que dibujen formas geométricas en bancales regulares delimitados por una bordura de boj bajo.*

VENTAJAS

A los jardineros de la Edad Media no les pasaron desapercibidas las cualidades estéticas de las hortalizas, más allá de su utilidad estrictamente práctica. De hecho, habría que esperar hasta la difusión del arado de tracción animal para que se impusieran las líneas rectas y los espacios intermedios anchos. Si logra dejar atrás esta tiranía de la recta, observará que las plantas son mucho más productivas cuando se plantan libremente en un mismo bancal de pequeñas dimensiones, dejando que sus hojas se toquen entre sí impidiendo el crecimiento de malas hierbas y proyectando su sombra en el suelo. Por otro lado, se sabe que las plantas son mucho menos vulnerables a las plagas y las enfermedades cuando se plantan junto a otras plantas de flor, así que no dude en combinarlas a lo largo y ancho del jardín de modo que éste se convierta en una comunidad variopinta capaz de ofrecer un poco de todo.

MODELOS

Al diseñar un huerto, cabe la posibilidad de adaptar alguno de los diferentes estilos de jardín tradicionales. El **jardín de macetas** responde a un diseño regular en el que los diversos arriates geométricos que lo componen, plantados con flores y hortalizas estivales en torno a un centro alto, se pueden bordear con hortalizas enanas o de ensalada. A su vez, el **jardín campestre** consiste en reunir de manera bastante informal (caótica, incluso) diversos árboles frutales, flores y hortalizas, lo que permite sacar el máximo partido a cada palmo del jardín. Otra opción es el estilo de **jardín culinario de grandes dimensiones**, en el que una serie de senderos rectos dividen el terreno disponible en bancales de idéntico tamaño (cuatro por lo general, de modo que se pueda aplicar el sistema tradicional de rotación), delimitados por flores y árboles frutales formados en espaldera.

Si se trata de un jardín ya existente, se puede empezar plantando una variedad cualquiera de árbol frutal allí donde se desee crear una planta arbustiva o un arbolillo, o bien colocando unas cañas en forma de

◁ **LAS LECHUGAS** *dan muy buenos resultados en compañía de anuales de flor, como las maravillas. En este caso, entre los arriates, delimitados por un bordillo, media un sendero recubierto de gravilla.*

tienda de campaña con unos guisantes o unas habichuelas de flores púrpuras en las zonas más desordenadas donde ya se hayan caído las hojas de las bulbosas. El romero y la salvia dan muy buenos resultados como borduras en los senderos, mientras que las hortalizas anuales se pueden combinar con plantas propias del verano, como por ejemplo fríjoles con geranios o alhelíes con coles rizadas enanas. A la hora de cubrir un pilar, un peral guiado en cordón o una zarzamora sin hojas ni espinas resultan tan eficaces como el mejor rosal trepador. Asimismo, los márgenes de los senderos se pueden plantar con fresales de montaña, habas enanas, un acolchado de tomillo u orégano, o bien una combinación de zanahorias, perejil y bulbosas enanas.

HORTICULTURA EN VERTICAL

La mayoría de las hortalizas se pueden conducir en dirección vertical. En ese sentido, se tienden a ignorar las vallas y las paredes como espacio de cultivo, cuando en muchas ocasiones éstas permiten incluso doblar el espacio disponible en un jardín de dimensiones reducidas. Casi todos los árboles frutales se pueden conducir sobre vallas y muros, incluidas las paredes de la propia casa. Los guisantes de mata alta, las judías, los pepinos, las calabazas trepadoras y las tomateras agradecen el soporte y el calor que les proporcionan dichas superficies. Las zarzamoras y los frambuesos norteamericanos sin espinas, así como las parras, se deben conducir sobre trípodes, pilares o pérgolas; de lo contrario, no tardarán en comerse el espacio libre a sus pies. Ocupan un espacio mínimo y proyectan tan poca sombra que permiten a otras hierbas y hortalizas crecer sin problemas.

MACETAS

Consideradas muchas veces como una simple alternativa ante la ausencia de un terreno de cultivo al aire libre, lo cierto es que las macetas permiten sacar un mayor partido a cualquier jardín, tanto en lo que se refiere al cultivo de hortalizas como a su potencial decorativo. Una opción consiste en agrupar varias macetas de diversos tamaños con hierbas u hortalizas sobre una superficie dura, junto a unos escalones o alguna puerta, para acceder a ellas cómodamente, o bien en un patio. Son muy indicadas las hortalizas semirresistentes, ya que así se pueden llevar a cubierto cuando amenaza helada. Las macetas grandes son ideales para los árboles frutales o las plantas trepadoras, en cuya base crece una hierba aromática y una cobertora trepadora.

HORTALIZAS EN LOS ARRIATES

❖

Siempre y cuando las coloque de acuerdo con su altura, las hortalizas dan muy buenos resultados en los arriates mezcladas con flores.

PARTE DELANTERA: las plantas más pequeñas se pueden distribuir en hileras o en grupo frente al resto de especies. Las lechugas, las remolachas y las achicorias rojas aportan color, y sus decorativas hojas contrastan con las del perejil o la zanahoria.

PARTE CENTRAL: los espárragos, la escorzonera y el salsifí son ideales en ese caso como plantas de flor o de follaje. Utilice el ruibarbo, la acelga cardo y el armuelle (espinacas de montaña) para dotar de colorido al conjunto; combine con las coles rojas de Bruselas y la col rizada.

PARTE TRASERA: reserve este espacio para las hortalizas más altas, como las alcachofas y el maíz, al igual que para hierbas tales como el apio de montaña, el hinojo y la angélica. No deje de incluir tutores en forma de tienda de campaña con guisantes y judías de enrame.

9

ÁRBOLES FRUTALES

❖

Los árboles frutales constituyen una opción perfecta allí donde se precisa un punto focal decorativo, como pueda ser el centro de un límite o la intersección de varias zonas de paso. Los groselleros espinosos y los rojos formados en arbolito dan muy buenos resultados cuando están solos, mientras que los manzanos y los perales (*derecha*) en cordón, espaldera o abanico son perfectos para delimitar un sendero o una entrada, sobre todo si se guían de forma que dibujen arcos de un lado al otro. Pruebe a crear vallas naturales plantando varios frutales en cordón dentro del mismo jardín o bien en cordón horizontal (espalderas individuales) de entre 38 y 45 cm de alto a modo de margen de un bancal.

Claves de un jardín productivo

*No es preciso poseer dotes especiales para conseguir cosechas sabrosas
y abundantes. Si utiliza semillas de buena calidad y proporciona a los
especímenes jóvenes los nutrientes y cuidados necesarios para que crezcan
sanos, las propias plantas harán el resto, sobre todo si abona la tierra de
forma que ésta se mantenga rica y fértil.*

LA IMPORTANCIA DE LA CAL

La presencia de cal en la tierra permite que
las plantas absorban los nutrientes de ésta
al tiempo que ayuda a mantener la flora
bacteriana que hay en su interior. En
concreto, la familia de las coles requiere
una gran cantidad de cal, así que antes de
plantar cualquier col vierta en la tierra una
dosis de cal para plantas (125 g por m²).
Por otro lado, si se emplea con regularidad,
la cal ayuda a hacer más permeables los
suelos de arcilla, aunque los resultados
más rápidos se consiguen mezclando en
una misma dosis un 80 % de sulfato cálcico
(yeso) y un 20 % de magnesio de piedra
caliza (dolomita); aplique la misma
dosis cada otoño y primavera hasta
obtener los primeros resultados.

◁ **AÑADIDA A LA TIERRA,**
*la materia orgánica hace las
veces de compost para plantas.
Asegúrese de que esté bien
fermentada antes de utilizarla.*

FERTILIZAR LA TIERRA

La calidad de las plantas es directamente
proporcional a la de la tierra en la que
crecen. Las raíces gustan de un suelo húmedo,
suelto y fértil, de modo que en la medida en
que se cumplan estos requisitos, tanto mejor
serán los frutos de la cosecha. Los suelos
ligeros y arenosos son sueltos por naturaleza,
pero precisan en cambio de gran cantidad
de humus, ya sea en forma de compost
vegetal o de abono bien descompuesto,
para mantenerlos lo bastante húmedos.
Estos mismos materiales dan también
excelentes resultados en los suelos de arcilla,
ya que permiten que las raíces de las plantas
se alimenten de ellos y se hundan en la tierra.
Rastrille los materiales orgánicos en otoño o,

△ **PARA OBTENER** *una buena cosecha,
es aconsejable contar con una estructura
de tela metálica que proteja las plantas de
los pájaros, así como con un invernadero
para las plantas recién sembradas.*

sencillamente, espárzalos por la superficie
desnuda de la tierra o entre las hileras de
hortalizas a modo de acolchado protector.
A algunos suelos les va muy bien la adición
de cierta cantidad de cal (*véase* recuadro,
superior derecha).

PLANTACIÓN

Trasplante las plantas al exterior cuando
todavía sean jóvenes, unas seis semanas
después de la siembra (*véase* pág. 18), y una

vez que hayan superado el
proceso de aclimatación a
las temperaturas del exterior,
que dura entre 10 y 14 días.
Tras comprobar que tanto
la tierra como la planta estén
húmedas, cave con ayuda de
un trasplantador un hoyo lo
bastante grande como para
que el cepellón quepa en su interior de forma
holgada. Acto seguido, cúbralo de modo que
la tierra quede totalmente firme y, por último,
riegue la zona circundante. Si el tiempo es
seco, vierta el agua directamente sobre el hoyo
con el cepellón al descubierto y espere a que
se drene del todo antes de colocar de nuevo
la tierra. Cuando el tamaño de la planta lo
permita, cubra la base con un acolchado para
ayudar a conservar la humedad. Los cultivos
intercalares (*véase* pág. 21) permiten disfrutar
de hortalizas de ensalada y otros tipos de
hortalizas durante todo el año.

CUIDADOS GENERALES

Malas hierbas Las plantas cultivadas soportan mal la presencia de malas hierbas, ya que éstas son más vigorosas. Mantenga las plantas más jóvenes libres de malas hierbas hasta que su propio follaje sea capaz de eliminarlas. Para ello, escarde, acolche o deshierbe la tierra.

Riego Es mejor empapar del todo las plantas que rociarlas de vez en cuando. Las hortalizas de hoja requieren un riego periódico, mientras que otras variedades agradecen el agua en momentos determinados, como durante la floración o la fructificación.

Abono Si se ha preparado la tierra con una buena dosis de compost o estiércol, tan sólo hará falta fertilizar las plantas que requieran más alimento del normal. Utilice un fertilizante universal (equilibrado) para el abonado periódico, uno enriquecido con nitrógeno para estimular el crecimiento del follaje después del invierno y uno de alto contenido en potasio para aumentar el número de flores y la calidad de los frutos.

PLANTAS SANAS

Tanto las plagas como las enfermedades forman parte de la rutina en cualquier jardín y resulta imposible mantenerlas siempre a raya. De todos modos, rara vez suelen surgir problemas graves si se toman las precauciones necesarias, como puedan ser el uso de semillas y plantas de buena calidad (opte siempre por las variedades más resistentes), un correcto mantenimiento de la tierra y la eliminación inmediata de las plantas afectadas. Evite un empleo excesivo de productos químicos, ya que no sólo acaban con las plagas, sino que también matan a los aliados naturales de las plantas. Opte, pues, por insecticidas y fungicidas respetuosos con el medio ambiente.

PROTECCIÓN

Las campanas de cristal, las cajoneras frías y los invernaderos permiten ampliar la estación de crecimiento hasta un mes más de lo normal, al tiempo que ayudan a mejorar la calidad de las plantas resistentes al frío. Utilice la campana de cristal para aumentar la temperatura de la tierra, de forma que las semillas germinen, así como para proteger las plantas del frío. En otoño ayuda a madurar las cosechas más tardías y aumenta la temporada de crecimiento de las plantas. La cajonera fría, además de utilizarse para aumentar la resistencia de los plantones antes de ser trasplantados al exterior (*véanse* págs. 36-37), presenta los mismos usos que la campana de cristal.

MÁXIMO RENDIMIENTO

Una de las claves del éxito radica en la correcta preparación inicial del suelo, si bien hay algunas otras que también ayudan a conseguir unas cosechas abundantes:
• Cultive tantas variedades de plantas como le sea posible, ya que tal diversidad reduce el riesgo de plagas y enfermedades. Además, si por casualidad un cultivo no llega a prosperar, siempre le quedará el resto.
• Mime sus plantas. Revíselas de forma periódica (diariamente en verano) de modo que tengan siempre agua y alimento suficientes para crecer sin problemas. Elimine todas las hojas y ramas secas, síntoma inequívoco de que algo no marcha bien.
• Recolecte los frutos de las plantas jóvenes para que éstas no consuman gran parte de su energía en la maduración de los mismos. Al hacerlo, estimulará su crecimiento.
• No deje nunca tierra sin cultivar: plante alguna variedad nueva, hierbas a modo de abono verde mientras no utilice el espacio, o bien acolche la superficie con compost para que el suelo no se empobrezca.

ELECCIÓN DE LAS VARIEDADES

Junto a las variedades de hortalizas más conocidas, hay otras muchas que nos resultan nuevas y sumamente sugerentes. Tanto unas como otras tienen su lugar en cualquier jardín culinario, uno de cuyos atractivos reside precisamente en la posibilidad de experimentación.

En lo posible, intente elegir las variedades que mejor se adapten a las características del jardín y cumplan sus expectativas. Las explicaciones que acompañan a los estuches de semillas suelen indicar si una variedad es apta para regiones frías, suelos ligeros o emplazamientos expuestos, por poner un ejemplo. Algunas especies resisten bien las heladas, la recolección en masa o la presencia de otras plantas

△ **LA CAJONERA FRÍA** *es imprescindible a la hora de proteger las plantitas en invierno y endurecerlas antes de trasplantarlas al exterior. En verano se convierte en un espacio de cultivo adicional.*

en un mismo espacio de pequeñas dimensiones, mientras que otras se caracterizan por su resistencia a ciertas plagas o enfermedades y, por tanto, resultan ideales para los jardineros partidarios del cultivo orgánico. Las variedades híbridas, etiquetadas por lo general como F1 o F2, son plantas vigorosas y de aspecto uniforme que no suelen presentar problema alguno, si bien las variedades antiguas que no son híbridas poseen más sabor y suelen dar frutos durante más tiempo.

Si el espacio lo permite, plante al menos dos variedades de cada tipo de hortaliza, una de probada calidad (por ejemplo, la mejor del año anterior) y otra nueva, para de ese modo poder compararlas. Con ello, lo que se pretende es que uno se quede con las mejores variedades. Tenga presente, no obstante, que muchas veces la mejor cosecha es precisamente la de las variedades más pequeñas y de maduración temprana, sembradas por lo general en pocas cantidades y a lo largo de todo el año, y que han disfrutado de una tierra húmeda y fértil.

Compre siempre semillas frescas y en buenas condiciones para sembrar al inicio de la temporada. Paralelamente, siembre unas cuantas semillas de la temporada anterior para ver cuáles son los resultados. Los guisantes y las judías aguantan hasta dos años en un lugar seco y fresco, que son siete en el caso de los pepinos y los calabacines; las chirivías, el salsifí y la escorzonera no aguantan de un año para otro.

11

Preparación del suelo

Al remover la tierra, no sólo se oxigena ésta sino que además se permite que las capas más bajas reciban la humedad, el calor y los nutrientes que necesitan las raíces de las plantas, con lo que éstas crecerán sanas y fuertes. Todas las técnicas que se describen en este capítulo, como el layado y la cava, resultan de una enorme utilidad a la hora de garantizar el correcto crecimiento de las raíces.

REMOVER LA TIERRA

La cava anual profunda no es imprescindible ni necesariamente beneficiosa, ya que puede destruir la estructura del suelo. El huerto clásico se solía componer de cuatro bancales separados entre sí por un sendero

cruciforme. De estos bancales, tres se removían cada año, de forma rotatoria, con laya o azada, mientras que la sección restante se cavaba en profundidad; de ese modo, se garantizaba que el suelo estuviese siempre en buenas condiciones y bien fertilizado. En la actualidad, son muchos los jardineros que creen que, una vez realizada la preparación inicial en profundidad del terreno, basta con remover ligeramente la tierra (a la profundidad de una azada) con una laya o una azada una vez al año, durante un período de diez años o más, hasta que la cosecha decaiga o el drenaje empeore, momento en que es preciso realizar otra cava en profundidad.

DOBLE CAVADO

Esta técnica consiste en excavar zanjas en el suelo de hasta una profundidad de dos azadas de forma que las capas inferiores se rompan y las raíces puedan penetrar sin problemas. Para ello, excave en primer lugar una zanja de una azada de profundidad en uno de los extremos del terreno en cuestión y acumule la tierra recién extraída en el otro extremo. Con ayuda de una laya, rompa la capa inferior de tierra de la zanja y extienda a continuación una capa de compost o abono bien descompuesto sobre la tierra removida. Acto seguido, cubra esta última con la tierra de la capa superficial de la siguiente zanja, y repita en ella el mismo proceso que en la primera. Cuando haya completado la última zanja, rellene ésta con la tierra extraída en la primera de todas. Arranque todas las hierbas que hayan podido crecer en la superficie y cúbralas

◁ **LAS CHARCAS PERSISTENTES** *son síntoma de un suelo duro y anegado que necesita un cavado o un layado para acelerar el drenaje.*

con la tierra de las primeras azadas. No obstante, si se trata de hierbas anuales, retírelas sin que quede rastro alguno de sus raíces, y haga otro tanto con las piedras más voluminosas. Cuando el terreno que hay que cavar es grande, lo mejor es proceder a lo largo, ya que no sólo da menos pereza, sino que en realidad supone un ahorro de trabajo: basta con dejar a un lado la tierra extraída en la primera zanja con el fin de tenerla lista para la última.

CAVADO SENCILLO

Se trata de una técnica menos trabajosa que la anterior ya que el suelo se excava a tan sólo una azada de profundidad, medida más que suficiente para llevar a cabo la mayoría de las labores de siembra y plantación. Es, además, la técnica que se utiliza para mezclar la tierra con las malas hierbas anuales, así como las dosis pertinentes de estiércol o compost. El procedimiento consiste en excavar varias zanjas removiendo la tierra de modo que la capa superior de tierra quede debajo y la inferior, arriba. Es, sin duda, la técnica más adecuada para terrenos de pequeñas dimensiones o cuando se ha de excavar una zanja entre dos hileras de plantas ya existentes. Otra posibilidad consiste en excavar una zanja como en el doble cavado, pero esta vez sin alcanzar el subsuelo. Al excavar la siguiente zanja, rellene la anterior con la tierra de la capa superficial de la primera. Si lo desea, puede mezclarla con estiércol o compost, o bien

---

HERRAMIENTAS BÁSICAS

PALA: la pala es imprescindible a la hora de excavar, así como de delimitar los márgenes de un lugar en concreto, cavar zanjas anchas para las legumbres, desenterrar las patatas y trabajar con grandes cantidades de tierra. Las hay de hoja ancha y grande, así como de hoja más estrecha, ideal para labores menores, y en ambos casos el mango tiene forma de «T» o de «D». Pruebe varios modelos hasta dar con la que mejor se adecue a sus necesidades por su peso y proporciones. Si cava con frecuencia en suelos arcillosos, elija una pala con la hoja de acero inoxidable, ya que resulta más fácil de mantenerla limpia.

LAYA: es tan versátil como la pala en lo que se refiere a labores de preparación del suelo y jardinería. Las hay tanto para excavar como para bancales, y en ambos casos en acero inoxidable. Para trabajar las capas inferiores de tierra, use una laya nueva de dientes largos; reserve la más usada para las capas más superficiales.

AZADA: la azada normal, en la que la hoja forma un ángulo agudo con el mango, se utiliza para remover la tierra. Para ello, basta con clavar la hoja y tirar del mango hacia atrás. El escardillo, en el que la hoja forma un ángulo recto con el mango, se emplea para escardar las malas hierbas, excavar zanjas para las semillas y desplantar.

- Cave tan sólo cuando se encuentre con ganas de hacerlo, descanse de vez en cuando y pare antes de fatigarse.

- Si se limpian las hojas y los mangos de los utensilios de trabajo, el esfuerzo a realizar será menor. Además, constituye una excelente excusa para realizar un alto y enderezar la espalda.

- Deje los suelos más pesados para el otoño con el fin de que el hielo se encargue de romper los terrones más grandes. Los suelos ligeros son más frágiles y se trabajan mejor en primavera o antes de sembrar o plantar en ellos.

- Si el terreno es muy pedregoso, deje al descubierto la primera zanja y rellénela con las piedras que haya recogido de la superficie.

△ **LOS BANCALES ELEVADOS** *constituyen una solución para suelos poco profundos e intratables, al tiempo que evitan tener que cavar.*

dejar este paso para el final, cuando remueva la superficie justo antes de sembrar o plantar.

LAYADO

Cuando se trabajan suelos sueltos y de gran calidad, la laya constituye un buen sustituto de la pala. Para ello se deben clavar los dientes hasta el fondo de modo que la capa más superficial del suelo se remueva a medida que se avanza. Lo propio es ir echando de vez en cuando algo de material orgánico para que se mezcle con la tierra. Con independencia del tipo de suelo, la laya se suele emplear para romper terrones de grandes dimensiones y dejar la tierra suelta, mezclar acolchados, compost o estiércol con la capa superficial del suelo, así como para escardar malas hierbas pequeñas y, en definitiva, mantener suelta y en buen estado la tierra de la superficie durante toda la temporada de cultivo, condición ésta indispensable para plantar o sembrar cualquier hortaliza. Por otro lado, permite que el agua penetre a mayor profundidad, de ahí que resulte sumamente útil para eliminar los charcos que se puedan formar, sobre todo en las zonas de paso.

EMPLEO DE LA AZADA

Más allá de la imagen típica de la azada como instrumento de hoja pequeña utilizado

◁ **EL AHORQUILLADO** *con la laya es imprescindible a la hora de preparar un suelo aterronado o compacto.*

para cavar el suelo y escardar las malas hierbas, lo cierto es que dentro del grupo de las azadas encontramos todo un extenso abanico de utensilios de varias formas que tienen en común el hecho de utilizarse para tareas menores de jardinería realizadas en la superficie del suelo. El empleo periódico de la azada evita que prosperen las malas hierbas, tanto grandes como pequeñas, al tiempo que permite que la capa superior del suelo absorba mejor el agua de la lluvia y del riego al permitir que ésta se seque. Todo ello repercute en una mejora de las cosechas a la vez que evita tener que estar continuamente retirando las malas hierbas más adelante. En los suelos que se han removido con pala y laya, y se han dejado reposar durante una semana o dos, tan sólo hace falta pasar la azada por encima para dejarlos listos para sembrar o plantar en ellos lo que se desee. Para escardar las malas hierbas, cave tan sólo con buen tiempo, justo antes de que llueva si se trata de romper un terrón que impide el correcto drenaje del agua, y acto seguido de un chubasco veraniego para evitar que el agua se evapore.

13

Planificación y rotación de cultivos

Si lo que tiene en mente es cultivar simplemente unas cuantas lechugas o matas de perejil, cualquier parte del jardín resultará válida para sus propósitos. Ahora bien, si sus planes son algo más ambiciosos, nada mejor que cierta planificación para aprovechar al máximo el espacio disponible, lograr cierto equilibrio entre los cultivos y evitar los problemas que acarrearía cultivar una misma especie siempre en el mismo lugar.

PLANTAS DE CRECIMIENTO RÁPIDO	
lechuga (hojas)	4-5 semanas
rábanos	5 semanas
rábanos pequeños	8 semanas
lechuga (cogollos)	8 semanas
zanahorias en manojo	10 semanas
guisantes tempranos	10 semanas
colinabo	10 semanas
berenjenas	10-12 semanas
patatas tempranas	10-12 semanas
fríjoles	10-12 semanas
remolacha	12 semanas
brécol calabrés	12 semanas
habichuelas	12 semanas

PLANTAS DE CRECIMIENTO LENTO	
habas	20 semanas
coliflor	20 semanas
patatas	22 semanas
cebollas	24 semanas
apio	28 semanas
col rizada	28 semanas
puerros	28 semanas
coles de Bruselas	30 semanas
col	32 semanas
brécol	40 semanas

UNA COSECHA CONTINUA

La mayoría de las hortalizas se suelen plantar más o menos por las mismas fechas. A mediados de primavera es tal la cantidad de variedades que se pueden plantar que existe el peligro de ocupar todo el espacio disponible y quedarse sin nada para el resto del año, así que lo mejor es contener el entusiasmo inicial y llevar a cabo una planificación a más largo plazo. Calcule cuánto tiempo ocupará un espacio cada una de las variedades y, cuando quede libre (lea para ello la información de los estuches con semillas), siembre una variedad distinta para obtener una nueva cosecha.

En un huerto resulta difícil seguir una programación de forma rigurosa, así que sea flexible y no pase por alto el mal tiempo, factor éste que, más que el propio calendario, determina muchas veces la época de siembra. Guarde siempre unas cuantas semillas de modo que pueda volver a sembrar en caso de que las primeras no broten, válgase de campanas de cristal para adelantar y alargar la temporada de crecimiento (*véase* pág. 6) y no dude en plantar unos cuantos ejemplares en macetas o bandejas a la espera de hacerles un sitio. En caso de que el jardín no permita realizar varias siembras consecutivas de variedades tales como los guisantes o las coles de Bruselas, opte en su lugar por una única variedad que resista bien el frío: una vez recolectada, se puede guardar toda la cosecha en el congelador y sacar a medida que se necesite.

DIFERENCIAS DE MADURACIÓN

Las hortalizas no siguen un mismo ritmo de crecimiento, sino que hay algunas especies que tardan mucho más que otras en madurar. Por regla general, las variedades más pequeñas o tempranas maduran antes que el resto, que muchas veces requiere varios meses más para madurar del todo. Si el jardín es de dimensiones reducidas, cabe la posibilidad de realizar varias siembras escalonadas de variedades de maduración rápida con vistas a conseguir una mejor cosecha, aunque también se puede alternar

◁ **LOS ARRIATES PEQUEÑOS**
de formas geométricas simplifican la planificación del jardín al permitir separar plantas de especies distintas con ritmos de crecimiento dispares.

el cultivo de alguna variedad de crecimiento más lento, por la que se sienta especial preferencia, con otra de crecimiento rápido. Las medias de crecimiento que se indican en esta página (*véanse* recuadros) corresponden a una región de clima templado.

ESPACIO

Toda planta requiere un espacio mínimo para poder crecer sana y fuerte. Hay que señalar que las distancias de separación, tanto entre plantas de una misma especie como de especies distintas, que aparecen en los sobres de los paquetes de semillas

y los libros de consulta suelen ser bastante generosas, ya que se contempla un margen para poder moverse entre ellas con comodidad. No tema experimentar por su cuenta. De hecho, muchas veces ocurre que, al reducir un poco la distancia de separación, el rendimiento de las plantas aumenta. Por otro lado, cuanto mayor es la densidad, menor es el tamaño de las plantas, dato interesante éste si lo que se desea es cosechar el mayor número de plantas pequeñas posible. Ahora bien, no caiga en la tentación de exceder la distancia mínima de separación en el caso de las hortalizas de raíz, como la zanahoria o el nabo, ya que el resultado será un cúmulo de hojas sin apenas raíces aprovechables. Por lo que respecta a la col, la lechuga y otras hortalizas de hoja, éstas se pueden plantar a la mitad de la distancia recomendada siempre y cuando se recorten salteadamente de ellas mientras todavía son jóvenes, dejando que el resto crezca con normalidad.

PLANTAS PERENNES

En el caso de las hortalizas perennes, a no ser que se vaya a contar con ellas a largo plazo, hay que tener cuidado con el lugar donde se vayan a plantar: la esparraguera, por citar un ejemplo, es capaz de dar espárragos durante treinta años o más. Una opción es plantarlas en uno de los extremos de un bancal, o bien reservarles una hilera en la parte posterior de dicho bancal o junto a un sendero. De todos modos, muchas de ellas poseen un gran

△ **LA ROTACIÓN DE CULTIVOS,** *con todas las ventajas que conlleva, no presenta grandes complicaciones siempre y cuando el terreno se divida en varias secciones perfectamente delimitadas entre sí.*

atractivo. En concreto, la esparraguera, la col marina, la alcachofa y el cardo combinan muy bien en un arriate de flores gracias a lo espectacular de su follaje. El ruibarbo, a su vez, constituye el complemento ideal para un arriate situado junto a un estanque o en compañía de otras variedades perennes (siempre que las dimensiones del jardín lo permitan), debido al colorido de sus tallos y hojas, estas últimas de un magnífico tono dorado. Los tallos robustos y erguidos de la pataca y del brécol perenne constituyen un excelente cortavientos para otras hortalizas más vulnerables, al tiempo que protegen las semillas recién germinadas de los vientos más fríos.

ROTACIÓN

Si se planta año tras año una misma variedad u otra muy parecida en un mismo lugar, lo más probable es que las plantas acaben sufriendo algún tipo de plaga, enfermedad o alteración anormal. Para evitarlo, nada mejor que la rotación de cultivos, que como su nombre indica consiste en cambiar cada año de lugar las plantas más proclives a contraer algún tipo de enfermedad. En el sistema clásico de rotación, se solían alternar las plantas emparentadas entre sí de acuerdo con una secuencia regular hasta completar el ciclo completo (de tres

---

ROTACIÓN DE CULTIVOS
❖

GUISANTES Y JUDÍAS: como todas las leguminosas, gustan de un suelo profundo y fértil al que se le haya añadido un poco de cal. En cambio, no es preciso abonar en grandes cantidades antes de la siembra, ya que con sus propias raíces producen nitrógeno a partir del aire. Tanto el apio como los tomates y las espinacas coinciden con los requisitos de las leguminosas.

FAMILIA DE LA COL: dentro de las crucíferas se encuentran la coliflor, el brécol, la col rizada y la col de Bruselas. Todas ellas requieren un suelo compacto, rico en cal y muy fértil. Abone, pues, en invierno y agregue cal al suelo en el momento de la plantación. Otra posibilidad consiste en cultivar las crucíferas a continuación de las leguminosas. Para ello, corte a ras los guisantes y las judías, aplique un fertilizante y plante las crucíferas sin remover el suelo.

RAÍCES: a este grupo pertenecen las zanahorias, la remolacha, las chirivías y los rábanos. No les gusta el suelo recién removido, pero en cambio éste debe estar bien roto de manera que las raíces puedan penetrar en él sin problemas. Resultan de gran utilidad para limpiar el suelo de los restos de fertilizantes que hayan podido quedar de otros cultivos anteriores. Además del ahorquillado del suelo con una laya, el suelo no requiere mucha más preparación.

Las patatas pertenecen a este grupo, aunque en muchas ocasiones se tienden a cultivar por separado. Les gustan los suelos profundamente removidos y muy abonados.

o cuatro años), y se preparaba cada año el suelo para adecuarlo a las necesidades específicas de la variedad en cuestión. Esta técnica, acertada a grandes rasgos y muy útil en el caso de huertos de grandes dimensiones, resulta en cambio demasiado rígida cuando no se dispone de mucho espacio o de una gran variedad de plantas. De hecho, para conseguir los mismos resultados basta con no cultivar durante dos años consecutivos en un mismo lugar una misma variedad o cualquier otra con la que esté emparentada.

Fertilidad del suelo y compost

El que las plantas crezcan sanas y fuertes depende de que las raíces encuentren en el suelo todos los nutrientes necesarios. Para ello, y con el fin de obtener cosechas de buena calidad, nada mejor que enriquecer la tierra con abono, fertilizantes y compost, productos éstos que muchas veces se pueden obtener reciclando los restos orgánicos de la casa y el propio jardín.

HUMUS

El suelo se compone de diversos elementos minerales y cierta cantidad de materia orgánica o humus. Este último es el resultado de la descomposición de la materia orgánica y vegetal caída al suelo y, por tanto, es rico en nutrientes. Además, tiende a absorber la humedad, de ahí que no se seque con el calor o el viento. Es precisamente el humus lo que les confiere a los suelos ricos y fértiles ese color oscuro tan característico. A título ilustrativo, compare el tono pálido de la capa inferior de tierra que queda al descubierto al cavar un agujero para albergar un cepellón, con el tono más oscuro y la textura más fibrosa de la capa superior, rica en humus.

Si las plantas se abonan directamente con fertilizantes químicos, crecerán bien al principio, pero resultarán mucho más vulnerables a las inclemencias del tiempo y, en definitiva, no estarán tan lozanas como si se les proporciona un suelo rico en materia orgánica. Ello se debe a que el humus trae consigo todo un conjunto de bacterias y pequeños animalillos beneficiosos, como las lombrices, que enriquecen la estructura del suelo y, por ende, estimulan el crecimiento de las plantas. Así pues, no dude en proporcionar al suelo abundante materia orgánica acompañada de vez en cuando de un suplemento adicional, y no tardará en observar cómo sus plantas crecen todavía más lozanas que antes.

EL ESTIÉRCOL

La materia orgánica tradicional por excelencia son los excrementos, materia obtenida a partir de los animales de establo, un complemento que permite dotar de cuerpo a los suelos ligeros y arenosos al tiempo que tiende a aligerar los más pesados y arcillosos, además de aportar cierta

cantidad (modesta) de nutrientes. En caso de que se trate de estiércol fresco, conviene dejar que se descomponga del todo antes de airearlo en otoño para mezclarlo con el suelo en invierno y dejarlo listo para la temporada siguiente. Para los jardineros que viven en la ciudad o disponen de poco espacio, el estiércol fresco es una opción del todo inviable. No obstante, el estiércol compostado constituye una excelente alternativa y se comercializa en sacos listo para mezclar con tierra. Si se aplica en la superficie y se mezcla ligeramente con la tierra donde se vaya a sembrar o plantar, se formará cierta cantidad de humus, con el consiguiente aporte

△ **EL ESTIÉRCOL** en *fermentación mejora la estructura del suelo y aporta sustancias nutritivas.*

ABONO LÍQUIDO

❖

Las malas hierbas habituales en cualquier jardín se pueden transformar en un abono líquido concentrado, con un alto valor nutritivo. Arránquelas y, una vez descartadas las raíces (o bien lavadas a conciencia), introduzca un puñado de ellas en un saco de malla fina. A continuación, meta este último en un recipiente repleto de agua y remuévalo cada uno o dos días para que la solución circule. Transcurridos unos quince días, las malas hierbas habrán desprendido todo su contenido en sustancias nutritivas hasta teñir el agua de un color amarronado. Riegue con el líquido resultante tantas veces como crea oportuno, pero compruebe antes que tenga el color de un té clarito; si es demasiado oscuro, dilúyalo hasta que se aclare. Para elaborar este peculiar abono líquido, se pueden aprovechar la mayoría de las malas hierbas, aunque sin duda las mejores son las ortigas, de alto contenido en nitrógeno, y la consuelda, una fuente considerable de potasio.

de nutrientes que éste conlleva. Otra opción es el compost enriquecido con mantillo y bien fermentado, ideal como acolchado y para acondicionar el suelo. En concreto, se recomienda sobre todo para los suelos arcillosos por su alto contenido en cal, aunque no conviene usarlo en exceso cuando haya plantas amantes de suelos ácidos, como los frambuesos.

LOS FERTILIZANTES

Los fertilizantes sirven para reforzar el contenido de materia orgánica del suelo y no deberían convertirse en la única fuente de nutrientes del mismo. Son productos muy concentrados y están diseñados para que las raíces puedan absorberlos rápidamente, de modo que surtan efecto lo antes posible, aunque el agua de la

16

△ **CUALQUIER PLANTA** *en descomposición aporta minerales y humus sumamente beneficiosos para el suelo, aunque las mejores son sin duda las que se suelen utilizar como abono verde.*

lluvia los disuelve pronto. Los hay tanto químicos como «orgánicos», y algunos están concebidos de manera que suelten los nutrientes poco a poco, con lo que duran toda la temporada. Los fertilizantes en gránulos y en polvo se esparcen alrededor de la planta o bien a voleo, en este caso con el fin de enterrarlo justo antes de la siembra o la plantación. Los fertilizantes líquidos son de efecto más inmediato y se mezclan con el agua de riego o se aplican en forma de pulverizador. Se suelen utilizar en las plantas que necesitan urgentemente un aporte adicional de nutrientes, como pueda ser durante o después de una sequía, o por un empobrecimiento del suelo. Los fertilizantes más completos son los que contienen oligoelementos.

EL ABONO VERDE
Las plantas que se utilizan a modo de abono verde proporcionan al suelo una gran cantidad de materia orgánica vegetal que, al descomponerse, se transforma en un rico

aporte de elementos nutritivos. Resultan especialmente indicadas como cultivo intercalar, en aquellas franjas de tierra que queden libres durante seis semanas o más entre cosecha y cosecha, al igual que como acolchado vivo, cuya función es evitar que las lluvias abundantes de invierno se lleven consigo los elementos nutritivos del suelo y dañen su estructura. Guarde unas cuantas matas de mostaza, veza y trébol rojo, y extiéndalas a modo de cultivo intercalar durante la estación de crecimiento. Asimismo, esparza en otoño otro puñado de judías, lentejas y centeno, y déles la vuelta en la primavera siguiente. Antes de esparcir las hierbas, córtelas o písalas y rocíelas con sangre fresca o sulfato de amoníaco para acelerar el proceso de descomposición.

EL ACOLCHADO ORGÁNICO
El acolchado compuesto de materia orgánica, como el estiércol bien descompuesto, el compost de jardín o el compost de champiñones o de corteza, constituye una eficaz protección contra las temperaturas extremas, la evaporación y el crecimiento de malas hierbas. Además, contribuye a aumentar la fertilidad del suelo gracias a la acción infatigable de las lombrices o simplemente al hecho de remover la tierra para plantar algo en ella. Esta técnica goza de gran simpatía entre los aficionados al abonado superficial del suelo como medida idónea para preservar su textura y fertilizarlo, si bien cualquier jardinero puede aprovecharse de sus ventajas. Extienda una capa de 5 cm sobre la superficie cultivada, entre plantas o allí donde el terreno quede al descubierto, y renueve

Acolchado orgánico

la capa hasta que alcance ese mismo grosor en primavera y otoño. Si hay que trasplantar una hortaliza, se puede remover parte del acolchado o bien cabe la posibilidad de retirarlo a un lado y volverlo a poner en su sitio una vez trasplantada la hortaliza en cuestión.

17

CÓMO FABRICAR COMPOST
❖

El compost casero permite reciclar los desechos orgánicos del día a día y obtener con ellos un abono tan económico como efectivo. Busque un recipiente de grandes dimensiones (una caja robusta de madera, un cubo de la basura de plástico o una simple malla recubierta de cartón) y colóquelo directamente sobre el suelo de forma que las lombrices puedan acceder a él. Reúna suficientes desechos como para rellenarlo con una capa de unos 20 cm de espesor. Lo ideal es mezclar materiales suaves, como césped o malas hierbas anuales, con paja y tallos más fibrosos, de forma que la masa resultante no quede demasiado compacta. Cubra esta última con una capa fina de un desecho rico en nitrógeno, como el

de las ortigas en verano o el del estiércol de origen avícola en gránulos en invierno, y proceda del mismo modo hasta rellenar del todo el recipiente. Asegúrese de que el contenido permanezca húmedo, y cúbralo con una alfombra vieja, una sábana o una lona de plástico perforada de forma que retenga el calor. Transcurridos tres meses, remueva el contenido de forma que lo que haya quedado a los lados se mezcle con lo del centro, más descompuesto, con el fin de obtener un compost con una mayor consistencia. No incluya demasiadas hojas: no sólo se descomponen mucho mejor por su cuenta, sino que además dan lugar a un abono verde ideal como acondicionador del suelo y compost para macetas.

Siembra y propagación

La propagación es uno de los aspectos que más respeto impone a los jardineros, cuando lo cierto es que forma parte indisoluble del ciclo vital de cualquier planta. Cuando se siembran las semillas de unas hortalizas o se divide la mata de una hierba, el jardinero se convierte en partícipe del ciclo reproductivo de dichas plantas. Proceda con cuidado y conocimiento para que las plantas empiecen su vida productiva con garantías.

SIEMBRA

La mayoría de las hortalizas se cultivan a partir de semillas, que se siembran, bien en el terreno de cultivo donde van a crecer, o bien en macetas recubiertas con un cristal. Cuando el entorno no reúne las condiciones más idóneas (el suelo está húmedo y frío, por ejemplo) o las heladas suponen una seria amenaza tanto a principios como a finales de la temporada, es preferible sembrar a resguardo del exterior, ya que se posee un mayor control sobre el crecimiento de las plantas. Bajo estas líneas se muestran las dos técnicas básicas de siembra en interiores.

Algunas hierbas se cultivan también a partir de semillas, mientras que otras se multiplican mediante esquejes o divisiones de plantas ya crecidas. Por lo que respecta a los frutales de baya, predominan los esquejes sobre las semillas, mientras que con los árboles frutales se suele utilizar la técnica del injerto. La mayoría de estas técnicas resultan fáciles y fiables, aunque es preciso seguir unas normas básicas. En realidad, siempre cabe la posibilidad de ahorrarse esta primera fase, ya sea porque no interesa o porque se carece del material necesario. De hecho, cada vez más gente opta por comprar ejemplares jóvenes o plantitas en estuches listos para plantar y que se desechan una vez realizada la recolección. No obstante, para la mayoría de los jardineros el hecho de propagar sus propias plantas constituye una labor tan gratificante como irresistible, imprescindible además si lo que se desea es cultivar plantas raras o poco habituales.

ESQUEJES DE TALLO TIERNO

Para este tipo de esquejes, se cortan los extremos de los tallos tiernos entre principios de la primavera y finales del verano, coincidiendo con la época de crecimiento. Se trata de la forma más rápida de propagar la mayoría de las plantas arbustivas perennes, así como de la única técnica fiable para las variedades con nombre, sobre todo para las variegadas, que tienden a revertir si se cultivan a partir de semilla. Con ayuda de un cuchillo bien afilado, realice un corte a 10 cm del extremo, despeje la base de hojas y realice otro corte limpio justo por debajo de una yema. Recubra el extremo inferior con hormona de enraizamiento, elimine la sobrante y, a continuación, entierre el esqueje hasta la mitad en una maceta con mezcla de compost y arena para esquejes (en una maceta de 11,5 cm caben sin problemas varios esquejes bien espaciados entre sí). Después de regar, coloque la maceta en un lugar ligeramente sombreado hasta que aparezcan los primeros síntomas de que el esqueje ha enraizado a la perfección. Las vivaces se

SIEMBRA DE SEMILLAS EN EL INTERIOR

Si se siembran las semillas en recipientes con algún tipo de recubrimiento y un sustrato especial para semillas o uno multiuso no sólo se gana tiempo, sino que además se tiene un mayor control sobre las plantitas a medida que crecen.

1 *Rellene la maceta o la bandeja con sustrato. Después de nivelar la superficie, apisónela suavemente con las manos, riegue y espere a que el agua se drene. Esparza las semillas por toda la superficie y cúbralas con una capa fina de sustrato (utilice vermiculita si necesitan luz para germinar). Cubra el recipiente con un cristal o un plástico y manténgalo en un lugar cálido.*

2 *Cuando las plantitas puedan tomarse con la mano, agárrelas una a una de una hoja y trasplántelas a macetas pequeñas (una por planta) o a una bandeja con sustrato (5 cm de separación entre plantas). Después de regar, colóquelas a la sombra unos días. Puede sembrar directamente en macetas pequeñas o bandejas con celdillas: coloque las semillas grandes de una en una y las otras a pellizcos.*

SIEMBRA AL AIRE LIBRE

Antes de sembrar directamente en el suelo, acondiciónelo. Para ello, retire todas las malas hierbas, rocíe la superficie con un fertilizante universal (60 g por m²) y, por último, rastrille la superficie de forma que no quede en ella ninguna piedra.

1 *Con ayuda de un cordel bien tensado o el canto de un listón, practique un surco con la profundidad que requieran las semillas. Riéguelo por primera vez un día que haga buen tiempo.*

2 *Esparza las semillas a lo largo de todo el surco o bien siembre puñados no muy cuantiosos de ellas a cierta distancia unos de otros.*

3 *Cubra cuidadosamente las semillas con la tierra de forma que ésta quede apisonada, riegue y etiquete la hilera. En caso de que los pájaros constituyan una amenaza, coloque una red a modo de protección.*

propagan mejor mediante esquejes de yema foliar, que se deben cortar hacia mitad del verano a partir de los vástagos laterales pero dejando un trozo del tallo principal para facilitar el enraizamiento.

ESQUEJES DE TALLO LEÑOSO

Los frutales arbustivos de baya como el grosellero espinoso y el grosellero negro se pueden propagar a finales del otoño o principios del invierno a partir de esquejes de tallo leñoso que se hayan formado durante ese mismo año (elija siempre los tallos más pálidos). Córtelos por el extremo más tierno de modo que alcancen entre 20 y 30 cm de longitud; el corte de la base debe realizarse justo debajo de una yema foliar. A continuación, cave con ayuda de una pala

una zanja en forma de «V» en una esquina vacía y resguardada. Coloque en la base arena fina o gravilla para que haya un buen drenaje y plante los esquejes de manera que tan sólo sobresalga el tercio superior, que debe quedar bien enderezado y a 30 cm del

resto. Por último, apisone bien la tierra de alrededor. Los esquejes de zarzamora se suelen enterrar siempre con las yemas intactas para así estimular la formación de tallos nuevos desde la misma base. En cambio, con el resto de los frutales es conveniente eliminar las yemas inferiores de forma que quede un único tallo, mucho más fácil de cuidar. En ambos casos, los esquejes deberían haber echado raíces al otoño siguiente.

DIVISIÓN

Tal como el propio nombre sugiere, esta técnica consiste en dividir el cepellón en varias porciones más pequeñas. En el caso de las hierbas que tienden a formar matas, como el orégano o la melisa, basta con cortar o separar las diferentes porciones directamente con las manos, ya sea en el mismo suelo o después de haber desplantado la mata; una vez dividida, las porciones más jóvenes que quedan hacia fuera se replantan en otro sitio. Por lo que respecta al ruibarbo, se suele dividir con una pala de forma que cada sección cuente con una yema tierna. Por último, en el caso de hortalizas como el cardo o la alcachofa, se separan los vástagos que salen de la mata principal con ayuda de una laya. La mejor época para dividir cualquiera de estas plantas es en invierno, aunque también puede hacerse en primavera y en otoño.

19

▷ **LAS PLANTAS** *recién germinadas y trasplantadas resultan muy vulnerables a las temperaturas extremas, sobre todo si se han tenido en el interior. Aclimátelas a las temperaturas del exterior poco a poco con ayuda de una cajonera fría.*

Ensaladas caseras

En toda buena ensalada que se precie, resulta básico el empleo de ingredientes frescos y variados y, para conseguirlos, nada mejor que cultivarlos uno mismo. Cualquier bancal, por modesto que sea, es capaz de proporcionar unos productos insuperables en aroma, color y sabor durante toda la época de cultivo, la cual, con ayuda de una campana de cristal, un plástico o una cajonera fría, se puede alargar todo el año.

△ **LOS RÁBANOS** *se pueden plantar entre hileras de lechugas.*

CEBOLLETAS

Las cebolletas o cebollinos son una variedad de cebollas sin bulbo disponibles prácticamente todo el año y que aportan a las ensaladas un toque de lo más sabroso. Gustan de suelos fértiles y se pueden cultivar como borde del arriate.

Cultivo

Siembre cada tres o cuatro semanas en primavera y verano, a 1 cm de profundidad, en hileras con 20 cm de separación entre cada una de ellas o bien en bandas anchas, en este caso con 15 cm de separación. Una vez germinadas, deje una distancia de 2,5 cm entre ejemplar y ejemplar. Siembre a finales del verano para recolectar en primavera y resguarde las cebolletas durante el invierno con campanas de cristal. Elimine las malas hierbas con regularidad y riegue cuando la tierra esté seca. Recolecte tan pronto hayan alcanzado el tamaño adecuado, empezando por las más grandes, de manera que las más pequeñas tengan tiempo de crecer.

LECHUGA

Existen en el mercado múltiples variedades de lechuga que se presentan bajo formas muy atractivas. Las de hoja mantecosa tienen una textura suave y crecen más rápido que las romanas. Las lechugas repollo requieren una gran cantidad de agua y sol, mientras que las especies de hoja suelta deben cortarse de forma periódica desde tierna edad. Las variedades de color violeta, marronáceo y rizadas aportan además un atractivo toque de color a la ensalada.

Cultivo

Siembre en pocas cantidades y a menudo, a 1 cm de profundidad y en hileras con 15 cm de separación entre ellas; una vez germinadas, amplíe la distancia hasta los 23 cm según la variedad de que se trate. Mantenga el terreno de cultivo libre de malas hierbas, riegue lo necesario y abone dos o tres veces durante el crecimiento. Recolecte tan pronto como le sea posible, ya que maduran todas al mismo tiempo, entre 8 y 12 semanas después de la siembra, pero después se echan a perder enseguida. En el caso de las variedades de hoja suelta, recoja unas cuantas hojas o bien corte la planta hasta una distancia de 2,5 cm con respecto al suelo, de forma que puedan volver a brotar.

RÁBANOS

Las variedades de verano, con sus característicos «tubérculos» de color rojo, blanco o mixto, maduran en tan sólo tres o cuatro semanas, de ahí que haya que sembrarlas con regularidad para tener siempre ejemplares en el huerto. Las variedades de invierno así como las japonesas, más grandes, se siembran después del día más largo y se recolectan a los tres meses. Las variedades especiales resistentes a las bajas temperaturas se pueden cultivar bajo una campana de cristal en invierno.

Cultivo

Siembre en el exterior a 1 cm de profundidad en hileras cortas con 15 cm de separación cada dos semanas, y cada 4-6 semanas en otoño e invierno y bajo cristal. Una vez germinadas las semillas, aclare las plantitas y deje una distancia de 2,5 a 7,5 cm entre ellas. Riegue con

◁ **LA LECHUGA** *es, en cualquiera de sus variedades, una hortaliza fácil de cultivar. La rizada da muy buenos resultados y crece durante casi todo el año.*

regularidad para que crezcan rápidamente. Si el suelo está bien preparado, no es preciso abonar. Recolecte las variedades de verano tan pronto como alcancen el tamaño adecuado (15 cm en el caso de las variedades japonesas). Deje las invernales en la tierra y recoléctelas cuando tenga que utilizarlas.

OTRAS PLANTAS PARA LA ENSALADA

En realidad, la mayoría de las hortalizas de hoja se pueden utilizar, en mayor o menor grado, para dar un toque de originalidad a las ensaladas. A continuación presentamos unas cuantas.

Achicoria y escarola

Tanto la achicoria como la escarola se caracterizan por tener unas hojas con un punto amargo que resulta sumamente refrescante. La achicoria roja y la verde de hojas de pan dulce se cultivan de la misma manera que la lechuga. La achicoria de Bruselas se siembra a finales de la

Achicoria roja «Prima Rosa»

primavera, en hileras con 15 cm de separación y 20 cm de distancia entre ejemplar y ejemplar. Para blanquear las hojas, desentierre las raíces en otoño, retire las hojas, plante de nuevo las achicorias en macetas y colóquelas en un lugar cálido y en completa oscuridad.

Berro de jardín

El berro de jardín constituye un práctico sustituto del berro. Se siembra en primavera o finales del verano y se recolecta en verano o en invierno. Deje 15 cm de separación entre cada ejemplar y mantenga siempre la tierra húmeda. Se autosiembra él mismo y produce plantitas que se pueden trasplantar si se desea.

Lechuga de campo

La lechuga de campo (*Valerianella locusta*) es una planta de hojas suaves que se siembra a finales de verano y se recolecta en invierno y primavera. Siémbrela en hileras distanciadas 15 cm entre sí y aclare las plantas de forma que queden 10 cm entre ejemplar y ejemplar; trasplante las que sobren a un vivero o un invernadero para resguardarlas.

Verdolaga

La verdolaga (*Portulaca oleracea*) posee unas hojas suculentas y picantes que se pueden cortar o arrancar durante un largo período de tiempo. Siembre a voleo a principios del verano en una zona soleada y cálida, aclare las plantitas de forma que queden a 5 cm de distancia entre sí y arranque o corte las hojas a medida que las necesite.

CONSEJOS PRÁCTICOS

CEBOLLETAS

❍ Siembre cerca algo de perejil, ya que éste mantiene alejada a la mosca de la cebolla.
❍ Siembre las cosechas más tempranas en módulos pequeños bajo cristal, con unas cuantas semillas en cada uno de ellos.
❍ Los ejemplares sembrados en primavera y verano tardan unas ocho semanas en madurar, entre 30 y 36 en el caso de los sembrados en invierno.
❍ Para la siembra de finales del verano, elija una variedad resistente.

LECHUGA

❍ Siembre las lechugas de verano en un lugar con algo de sombra; para el resto de las estaciones, elija un lugar abierto y soleado.
❍ Mantenga la tierra húmeda, pero no la inunde.
❍ Con el calor las semillas entran en reposo, así que en verano hay que sembrar por la tarde y cubrir el terreno durante todo un día con hojas de periódico para mantenerlo húmedo.
❍ Si el suelo es seco, es conveniente proceder a su acolchado para que no se echen a perder las lechugas.

RÁBANOS

❍ Los rábanos pertenecen a la familia de las crucíferas, así que no los siembre en un terreno proclive a la hernia.
❍ Las raíces crecen mejor en un lugar bien iluminado, aunque en verano agradecen algo de sombra.
❍ En caso de que algún ejemplar vaya a dar flor, déjelo y obtendrá unas cuantas vainas comestibles.
❍ Manténgase alerta ante cualquier síntoma de presencia de babosas y escarabajos.

CULTIVOS INTERCALARES

Para conseguir una cosecha ininterrumpida, siembre hortalizas de crecimiento rápido, como los rábanos, la lechuga de campo, el berro de jardín o los nabos, allí donde el terreno vaya a quedar libre durante unas cuantas semanas entre cosecha y cosecha. Por otro lado, aproveche el espacio que queda libre entre las hileras de hortalizas de crecimiento lento sembrando otras de crecimiento más rápido. Puede utilizar esos espacios libres para sembrar en ellos plantitas que pueda trasplantar más tarde, o simplemente para cultivar durante unas semanas plantas más jóvenes.

21

La mayoría de las hortalizas de hoja para ensaladas se pueden cultivar como cualquier otra verdura, sembrándolas en hileras o grupos muy juntos entre sí. Cuando hayan alcanzado una altura de unos 8 cm, recorte con unas podaderas los extremos superiores de todas las plantas de forma gradual, dejando unos tocones de 2,5 cm de alto de forma que puedan rebrotar y permitir así dos o tres cosechas más. Las semillas de lechuga, achicoria y endibia que hayan sobrado pueden mezclarse para hacer una ensalada variada.

Otras plantas para ensaladas

Una vez se haya familiarizado con las variedades de hortalizas más fáciles, lo más probable es que desee ampliar el abanico de posibilidades. En los últimos tiempos no han dejado de aparecer variedades nuevas, procedentes sobre todo de otras culturas, de ahí que la ensalada básica más tradicional derive en una auténtica experiencia de gourmet. En ese sentido, los dueños de un huerto disfrutan de una posición privilegiada.

ACEDERA

La acedera común es una hierba con un intenso sabor ácido gracias a su elevado contenido en vitamina C y se suele cocinar como la espinaca, si bien la acedera francesa (*Rumex scutatus*) se caracteriza por poseer un refinado sabor a limón concentrado. Se trata de una hortaliza tanto anual como perenne. Plante unos cuantos ejemplares en interior dentro de macetas para, de ese modo, contar con una provisión de acedera durante más tiempo.

Cultivo

Siembre en el exterior en la primavera y aclare los ejemplares anuales para que haya 20 cm de separación (38 cm en el caso de los perennes). Mantenga la tierra bien húmeda si el tiempo es seco. Arranque las hojas más jóvenes en pequeñas cantidades antes de consumirlas. Para revigorizar las matas perennes viejas, divídalas en primavera con un cuchillo afilado.

APIO

El apio, tanto en las variedades de color verde como en las blancas, aporta un fantástico toque crujiente y sabroso a las ensaladas estivales. Siempre y cuando se protejan de las heladas, las cosechas más tardías permiten disfrutar del apio durante todo el otoño. Las únicas variedades aptas para cultivar en invierno son las de zanja, aunque exigen un gran esfuerzo y el éxito no está en absoluto garantizado.

Cultivo

Diez semanas antes de las últimas heladas, siembre las matas de apio en la superficie de un terreno resguardado del exterior con una campana de cristal, y plántelos en macetitas o en bandejas con 5 cm de separación entre ejemplar y ejemplar. Aclimátelos al exterior y plante varios ejemplares juntos (con 23 cm de separación entre mata y mata) para que se blanqueen. Riegue con generosidad si el tiempo es seco y abone a

◁ EL APIO DE ZANJA *se puede cultivar en la superficie siempre y cuando se blanqueen los tallos con un envoltorio de papel o cartón ondulado.*

ENSALADAS MIXTAS

Una forma económica de aportar un toque de originalidad a la ensalada consiste sencillamente en hacerse con un sobre de semillas mezcladas aptas para el consumo, disponibles hoy en día en una gran variedad de mezclas (italiana, francesa, oriental, picante y un largo etcétera) y sembrarlas todas juntas para obtener una cosecha múltiple (*véase* pág. 21). También puede seleccionar unas cuantas y cultivarlas como si fueran lechugas, de forma que pueda mezclar las hojas de las coronas que ya hayan crecido lo suficiente.

mediados del verano. Siembre de nuevo a finales de la primavera para así tener nuevos apios en otoño. Suelen estar listos para su consumo a partir de la octava semana.

ESCAROLA

La escarola, que pertenece a la misma familia que la achicoria, es una hortaliza estival bastante resistente, de ahí que muchas veces se cultive en lugar de la variedad invernal de hojas más anchas. En el interior tienden a desarrollar un corazón blanco bastante compacto que reduce el característico sabor amargo de las hojas al tiempo que aporta un punto picante de lo más refrescante.

Cultivo

Siémbrela en el exterior entre mediados de la primavera y finales del verano siguiendo las mismas pautas que con la lechuga, pero dejando de 23 a 30 cm de separación entre ejemplar y ejemplar. Si el interior no adquiere un tono pálido, cubra cada escarola con un plato dispuesto boca abajo entre 10 y 14 días antes de cortarlas. Proteja los ejemplares más tardíos a mediados del otoño con un plástico o una campana de cristal, o bien cultívelos en una cajonera fría.

PEPINOS

Los pepinos tradicionales son cortos, gruesos y algo espinosos, aunque últimamente han aparecido nuevas variedades, sobre todo japonesas, con una forma más alargada y esbelta, como los de invernadero, o bien redondeados como manzanas amarillas. Guíelos sobre un enrejado o cañas de bambú dispuestas en forma de tienda de campaña igual que si se tratase de trepadoras ornamentales, y recolecte los frutos con regularidad.

Cultivo

Cabe la posibilidad de comprar la planta y endurecerla para plantarla despúes (con una separación de 60 cm entre mata y mata), cuando haga más calor, o bien opte por las variedades de invernadero (*véase* pág. 38), y siémbrelas cuatro o cinco semanas antes de las últimas heladas. Elija un lugar cálido y resguardado, guíe los tallos sobre un soporte de cañas o un enrejado, y despunte los tallos una vez hayan alcanzado el extremo superior. Retire los frutos antes de las primeras heladas, o incluso antes si el mildiu es una amenaza.

ROQUETA

Las hojas de la roqueta poseen un intenso sabor picante y se suelen cortar cuando todavía son pequeñas para mezclarlas con las hojas de otras hortalizas. La variedad silvestre, cada vez más popular, posee aún más sabor y se utiliza del mismo modo que la cultivada. Se propagan con suma facilidad cuando hace calor, así que plántelas en poca cantidad y de forma periódica durante los meses estivales en las zonas donde haya algo de sombra.

◁ LA ROQUETA *posee una atractiva roseta compuesta de hojas con formas diversas. Corte las más jóvenes para su consumo, y deje las más robustas y crecidas para ayudar a que broten otras nuevas.*

Cultivo

Siémbrela en el exterior entre principios de la primavera y finales del verano, y no aclare las plantitas. Se pueden arrancar las hojas de una en una o bien cortar toda la mata entera, siempre y cuando haya alcanzado los 10 cm y se deje un tallo de 2,5 cm para que rebrote. Si las últimas siembras se cubren hacia mediados de otoño, sobrevivirán a las heladas más suaves.

TOMATERA

Existen cientos de variedades de formas y tonalidades diferentes, y prácticamente todas ellas dan mejores resultados en el exterior, ya que bajo cristal tienden a ocupar demasiado espacio y a crecer de forma desgarbada. Curiosamente, algunas de las variedades más atractivas (con frutos de color verde o negro, deformes) son también las más deliciosas.

Cultivo

Siembre unas ocho semanas antes de las últimas heladas. Proceda de igual modo que con las variedades de invernadero (*véase* pág. 38), dejando entre 45 y 50 cm de separación entre tomatera y tomatera, y elija un lugar soleado y resguardado. Guíelas como los cordones de los invernaderos, pero interrumpa el crecimiento de los extremos en los tallos que cuenten ya con tres o cuatro racimos de tomates. Coloque un manto de paja bajo las variedades arbustivas para que los tomates no se ensucien. Cuando amenacen las primeras heladas, retire todos los tomates que queden.

▷ LOS PEPINOS *ya crecidos pesan bastante, por lo que es conveniente atar los tallos principales a cañas robustas colocadas en posición vertical. Deje que los tallos laterales se sostengan ellos mismos por medio de sus propios zarcillos.*

CONSEJOS PRÁCTICOS

ACEDERA
○ El sol intenso amarga el sabor de las hojas, así que plante unas cuantas a la sombra si piensa consumir acedera en verano.
○ Siembre o divida las plantas a finales del verano, y trasplántelas a macetas para tenerlas en el interior durante el invierno.
○ Utilice un cuchillo de acero inoxidable para cortar la acedera, pues el hierro ennegrece las hojas.

APIO
○ Trasplántelo a una cajonera fría asentada directamente sobre el suelo para que adquiera un tono más blanquecino y quede más resguardado de las heladas.
○ Si se riega abundantemente, se evita que espigue antes de lo previsto y se consigue que los tallos estén crujientes.

ESCAROLA
○ En jardines secos y calurosos, elija una variedad que sea resistente.
○ Al aclarar las hileras, guarde las plantitas que sobren y trasplántelas a cualquier otro lugar.
○ Compruebe que los corazones estén completamente secos antes de envolverlos o de lo contrario podrían pudrirse.

PEPINOS
○ Coloque al pie de cada ejemplar una gran cantidad de compost o estiércol bien descompuesto.
○ Acolche para mantener la humedad.
○ En el caso de las variedades de exterior, no es preciso eliminar las flores masculinas ni tampoco impedir la polinización.

ROQUETA
○ Si se recortan con regularidad los ejemplares que no se consumen, adquirirán con el tiempo un sabor mucho más intenso.
○ Para obtener una buena cosecha durante todo el invierno y principios de la primavera, siembre a mediados del otoño bajo cristal o bien en invernaderos de ventana.
○ Las flores se pueden consumir como si fueran hojas. Deje unas cuantas para que den semillas con las que sembrar más adelante.

TOMATES
○ Una vez trasplantada, proteja la tomatera hasta que el tiempo se estabilice.
○ Guíe las tomateras sobre un muro soleado en los jardines más fríos.
○ Evite los riegos a destiempo, ya que provocan que las flores se pudran y se caigan.

23

Guisantes y judías

Tanto las judías como los guisantes recién recolectados conservan intacto su delicioso sabor así como un alto contenido en proteínas. Además, son hortalizas decorativas, de ahí que no puedan faltar en ningún jardín culinario estival. Por si fuera poco, son beneficiosas para el suelo, ya que fijan el nitrógeno presente en el aire y lo dejan para las cosechas siguientes.

△ **LAS VARIEDADES** *de judías coloreadas, como ésta de la variedad «mantequilla», son tan prolíficas como las verdes más tradicionales y, un toque de originalidad para cualquier plato.*

▽ **TANTO LOS GUISANTES** *como los frijoles gustan de suelos con idénticas características, de ahí que se puedan cultivar juntos. En el caso de los primeros, coloque unas cañas a modo de soporte para favorecer su crecimiento y facilitar la recolección.*

24

GUISANTES

Las variedades de guisantes redondeados son resistentes y se suelen sembrar en otoño o a finales del invierno, mientras que las variedades rugosas, más dulces que las anteriores, se siembran a partir de la primavera. Los guisantes comunes producen unas vainas gruesas de color verde o púrpura que contienen en su interior los guisantes propiamente dichos, aunque hay algunas variedades que poseen unas vainas chatas o cilíndricas con mucha menos fibra que se suelen recolectar jóvenes y se consumen enteras.

Cultivo

Siembre los guisantes a una profundidad de 4 o 5 cm y en hileras con 23 cm de separación, de forma que cada guisante quede a 7,5 cm de distancia del más próximo. La tierra debe estar bien removida y abonada; aplique en la superficie cal si el suelo es ácido. Apisone este último después de la siembra e instale una malla contra los pájaros. Cuando aparezcan los primeros zarcillos, guíe la planta con unas cañas que se ajusten a la altura de la variedad. Elimine las malas hierbas con regularidad y acolche las plantas una vez hayan alcanzado los 15 cm de altura. Riegue cuando el tiempo sea seco, sobre todo si las plantas tienen ya flores o vainas, y recolecte estas últimas antes de que se hagan demasiado grandes y fibrosas. Una vez finalizada la recolección, corte las plantas al nivel del suelo y deje que las raíces se descompongan.

HABAS

Fáciles de cultivar, prolíficas y resistentes, las habas suelen ser la primera hortaliza estival en no pocos jardines. Se comen tanto las habas propiamente dichas, sean éstas de color verde, blanco o rojo, como las vainas más tiernas. Las hay altas y bajas, y algunas de ellas son lo bastante resistentes como para poder sembrarlas en otoño y obtener así cosechas más tempranas.

Cultivo

Realice dos o tres siembras mensuales desde finales del invierno en adelante. Siembre las semillas más voluminosas a 5 cm de profundidad y a 23 cm de distancia entre sí, en una tierra bien removida y abonada; añada cal si el suelo es ácido. Siembre entre mediados y finales del otoño, o bien siembre las semillas en macetas bajo cristal a mediados del invierno. Acolche las plantas para impedir que la tierra se seque y guíe las variedades más altas con estacas y cuerdas. Riegue cuando las plantas estén en floración y fructificación. Si va a consumir las vainas, espere a que éstas alcancen los 7,5 cm de longitud; si no, espere dos o tres semanas más para desenvainar las habas.

HABICHUELAS

La habichuela es el miembro de las judías más decorativo por sus flores, de un intenso color escarlata. Crecen con gran profusión en suelos fértiles donde sus raíces tienen un entorno templado y húmedo. Sostenga con un soporte los extremos de los tallos.

△ **EN UN PRINCIPIO,** *las habichuelas se cultivaban como trepadoras anuales con fines decorativos más que como legumbres propiamente dichas, pues resultan ideales para cubrir una arcada.*

◁ **LAS JUDÍAS DE ENRAME,** *plantadas en este tipo de macetas biodegradables, se pueden trasplantar sin riesgo alguno para las raíces.*

Cultivo

Siembre en el exterior un mes antes de las últimas heladas, o bien hágalo en unas macetas individuales colocadas bajo cristal. Remueva y abone el suelo a conciencia antes de sembrar en él las semillas o trasplantar las plantitas. Proporcióneles algún tipo de soporte con ayuda de unas cañas dispuestas en hileras o en forma de tienda de campaña. Riegue dos veces por semana cuando se empiecen a abrir las flores.

FRÍJOLES

Tanto en sus variantes enanas como en las de mayor tamaño, los fríjoles se prestan a múltiples usos, desde las propias vainas, que se consumen enteras o a trocitos, a las semillas, es decir, los fríjoles propiamente dichos, que se pueden tomar tanto tiernos como secos (alubias). Las vainas, achatadas o cilíndricas, están presentes en varios colores y muchas veces van acompañadas de vistosos diseños moteados.

Cultivo

Siembre en macetas situadas bajo un cristal, o bien en el exterior en un suelo rico bien removido tres o cuatro semanas antes de las últimas heladas. Siembre las semillas a 4 o 5 cm de profundidad de manera que las trepadoras queden, al igual que las habichuelas y las variedades enanas, a 23 cm de distancia de la mata más próxima. Otra posibilidad es plantarlas dejando 10 cm de separación entre las plantas y 45 cm entre las hileras. Cultívelas como si fuesen habichuelas y recolecte antes de que los fríjoles se dejen ver por entre las vainas, pero hágalo cada tres o cuatro días.

SOPORTES PARA JUDÍAS DE ENRAME

❖

Para que las judías crezcan exuberantes deben contar con un soporte consistente. Hágase con unas cañas de 2,5 m o con unos listones de madera tratada de 5 × 5 cm y clávelos en el suelo. Átelos por la parte superior para que queden estables. Existen diferentes tipos de fijaciones para sujetar los extremos superiores de los soportes en forma de tienda de campaña y para unir cañas dispuestas en hileras cortas.

Empiece a recolectar cuando las vainas alcancen unos 15 cm de largo. No las recolecte todas de una vez, sino cada dos o tres días.

Siembre las semillas justo en la base de cada caña, a 5 cm de profundidad y separadas entre sí 15 o 20 cm.

Para conservar la humedad, acolche con paja o con un compost para jardín bien fermentado después de la germinación o el trasplante.

CONSEJOS PRÁCTICOS

GUISANTES

○ Siembre la variedad común y la de vainas aplastadas una o dos veces en primavera, y las variedades más precoces cada tres semanas.

○ Para obtener una cosecha temprana, siembre las variedades más resistentes a finales del invierno bajo una campana de cristal o en una cajonera fría.

○ Los guisantes gustan de un entorno templado: manténgalos húmedos y protéjalos del sol primaveral con sombra.

○ Espacie las semillas, ya que los guisantes detestan los espacios constreñidos.

HABAS

○ Despunte los extremos de los principales tallos una vez que se hayan formado las primeras vainas para que maduren antes así como para impedir la acción del pulgón negro.

○ Para obtener una cosecha más abundante, siembre las variedades enanas hasta finales del verano en un lugar sombreado y templado.

○ Aproveche las semillas que sobren y siémbrelas a modo de abono verde en las zonas del suelo que queden al descubierto.

○ Si el jardín es frío, coloque las siembras de otoño bajo una campana de cristal.

HABICHUELAS

○ Las habichuelas son muy vulnerables a las heladas, así que endurezca las que haya cultivado en macetas antes de trasplantarlas al exterior.

○ Si el suelo es fértil y está limpio, las habichuelas pueden cultivarse año tras año en el mismo lugar con algún tipo de soporte fijo.

○ Las variedades enanas, así como las otras que se hayan mantenido a una altura de 45 cm mediante despuntes sucesivos, no necesitan soporte alguno, si bien conviene dotarlas de un acolchado de paja para mantener las vainas limpias.

○ Cultívelas junto a unas cuantas matas de guisantes dulces para aumentar las posibilidades de polinización.

FRÍJOLES

○ La recolección dura entre seis y ocho semanas, de modo que realice dos o tres siembras adicionales de variedades enanas para poder abastecerse siempre de fríjoles.

○ Aporque los tallos y guíe las variedades enanas con algún tipo de soporte para que los fríjoles no toquen el suelo.

○ No arranque las vainas de las alubias hasta que adquieran una tonalidad marrón; cuelgue las plantas hasta que se sequen y, por último, desenvaine las alubias para guardarlas.

25

Hortalizas de raíz y tubérculo

Las hortalizas de raíz y tubérculo más populares en un huerto son la remolacha, la zanahoria, la chirivía y la patata. Son plantas que con muy poco espacio proporcionan cosechas más que considerables, y todas ellas gustan de suelos abiertos, aireados, medianamente fértiles y bien iluminados, en los que sus raíces puedan penetrar sin grandes esfuerzos.

△ **LAS CHIRIVÍAS RECIÉN** *recolectadas poseen un agradable dulzor. Se pueden dejar en la tierra y arrancarse a medida que se necesiten sin que ello suponga problema alguno.*

CHIRIVÍAS
Estas raíces dulces propias de invierno son muy resistentes y se dejan en la tierra hasta que se arrancan para su consumo. Tienen una vida productiva limitada, por lo que habría que renovarlas cada año.

Cultivo
Realice una única siembra en primavera a 1 cm de profundidad en hileras con una separación de 30 cm. Puede sembrar puñados de semillas a 15 cm de distancia entre sí o bien sembrarlas una detrás de otra; en cualquier caso, aclare de forma que cada plantita quede a esos 15 cm de separación. Riegue, entrecave el terreno y acolche como con las zanahorias. Arranque

las raíces a medida que las necesite a partir del otoño.

REMOLACHA
Además de la variedad redondeada y de color rojizo por todos conocida, existen otras muchas, algunas de color amarillo o blanco y otras de forma achatada, ahusada o cilíndrica. Las hay también de crecimiento más rápido, así como con una gran capacidad de conservación, aunque son muchas las que poseen ambas características.

Cultivo
Siembre a 2 cm de profundidad en hileras con una separación entre sí de 23 cm para las variedades tempranas, y 30 cm para las normales. Aclare de forma que haya entre 10 y 15 cm de separación entre ejemplar y ejemplar, o bien espácielas hasta dejar 15 cm por ambos lados. Cave la tierra y, a continuación, acólchela con compost para jardín o retazos de hierbas. Riegue cada dos o tres semanas con tiempo seco y recoja las primeras remolachas cuando midan 5 cm de diámetro. En otoño tire del resto de las remolachas retorciendo el follaje y guárdelas en arena seca o compost.

ZANAHORIAS
Las variedades más pequeñas y dulces sirven tanto para las siembras tempranas como para las sucesivas; las comunes, de mayor tamaño, son ideales para guardar. Elija las variedades de acuerdo con la época del año en que desee recolectarlas.

Cultivo
Siembre a tan sólo 1 cm de profundidad en hileras distanciadas entre sí 15 cm, cada dos o tres semanas desde la primavera hasta

mediados del verano. Mantenga la tierra húmeda, pero no la inunde. Entrecave el terreno a conciencia hasta que las plantitas tengan dos o tres hojas y acólchelo entonces con compost o manojos de hierbas. Aclare varias veces hasta que las plantas queden a una distancia final de 7,5 cm entre ejemplar y ejemplar, y arranque las zanahorias tan pronto como hayan alcanzado el tamaño suficiente. Las variedades normales deben pasar el invierno en suelos ligeros con un acolchado de paja, o bien arrancarse en otoño y guardarse en arena seca.

26

PREVENIR LA MOSCA DE LA ZANAHORIA

- Intercale hileras de zanahorias con otras de cebollas.
- Elija variedades resistentes.
- Envuelva las zanahorias con una pantalla de 45 cm de alto de politeno o una lámina de polietileno.
- Anule el penetrante aroma de las zanahorias sembrando matas de perejil de manera que no haya que aclarar, o bien remójelas a conciencia después del aclarado.
- Siembre a mediados de la primavera y del verano, cuando la población de moscas es menor.

▽ **PARA OBTENER UNA BUENA** *cosecha de remolachas, es preciso aclarar las plantitas desde tierna edad de manera que las variedades más grandes queden a 15 cm de distancia entre sí, algo menos en el caso de las más pequeñas.*

PATATAS

Las variedades comunes resultan ideales para cultivar por primera vez un terreno. Las más tempranas ocupan menos espacio y aseguran la presencia de patatas nuevas desde principios de verano en adelante.

Cultivo

Seis semanas antes de plantar las patatas, coloque los tubérculos que vaya a sembrar en bandejas para que broten. A principios de la primavera, siembre las primeras patatas tempranas a 10 o 15 cm de profundidad con una distancia de 30 cm entre tubérculos y en hileras con una separación entre sí de 45 a 60 cm. A mediados de la primavera siembre las otras variedades, pero con una separación de 38 cm entre patata y patata y 75 cm entre las sucesivas hileras. Acolle las patatas para protegerlas de las heladas y evitar que algunos tubérculos se vuelvan verdes, y riegue cada dos o tres semanas. Arranque las patatas tempranas cuando empiecen a abrirse las primeras flores. Para las variedades más tardías espere a que el extremo del tallo principal adquiera un tono marrón. Guarde las patatas en cajas o bolsas de papel en un lugar oscuro y resguardado de las heladas.

RAÍCES TEMPRANAS

En el caso de las remolachas y zanahorias más tempranas, siembre en bandejas con celdillas o módulos bajo cristal y trasplántelas en primavera, una vez se hayan

▷ **ACOLLE LAS PATATAS** *rastrillando el suelo hasta formar un caballón. Hágalo a principios del verano, cuando las plantas hayan alcanzado los 20 cm de alto, y deje los 5 cm superiores al descubierto.*

△ **ESTA ESTACA** *hecha a mano sirve para cavar hoyos de entre 10 y 15 cm donde vayan a ir las patatas.*

endurecido. Por lo que respecta a las zanahorias, elija variedades tempranas con la raíz redondeada, y siembre tanto unas como otras en las celdillas de la bandeja (de seis a ocho semillas de zanahoria y dos o tres de remolacha por celdilla). Haga que germinen en un lugar cálido y trasládelas a un lugar más templado hasta que tengan tamaño suficiente para trasplantarlas al exterior.

CONSEJOS PRÁCTICOS

CHIRIVÍAS

○ Siembre en un día sin viento, ya que las semillas son muy finas y ligeras.
○ Temple la temperatura del suelo con un acolchado si va a sembrar antes de mediados de la primavera.
○ No azadone la tierra muy cerca de las plantas, ya que las raíces dañadas tienden a desarrollar chancro.
○ En otoño, delimite las hileras por medio de cañas antes de que el follaje desaparezca por completo.

REMOLACHA

○ Remoje en agua las semillas durante una hora para propiciar la germinación.
○ Las variedades de germinación única evitan el aclarado, ya que dan lugar a una sola planta.
○ Siembre un mes antes de las últimas heladas y repita la operación cada cuatro semanas hasta mediados del verano.
○ Las variedades más pequeñas necesitan entre ocho y doce semanas para madurar, entre catorce y dieciséis en el caso de las normales.

ZANAHORIAS

○ Siembre una variedad de crecimiento rápido a finales del invierno o principios de la primavera bajo algún tipo de protección, y de nuevo a principios del otoño para así alargar la temporada.
○ Realice las siembras tempranas y tardías en un lugar cálido y resguardado.
○ Las variedades precoces tardan entre siete y diez semanas en madurar, entre diez y dieciséis en el caso de las normales.
○ Si el suelo es pesado o pedregoso, opte por variedades de raíz redondeada o corta.

PATATAS

○ Las patatas más tempranas tardan entre doce y catorce semanas en madurar, entre quince y dieciocho semanas las segundas más tempranas, y entre dieciocho y veintidós las normales.
○ Plante siempre tubérculos sanos y con garantía que así lo acredite.
○ Para aumentar la cosecha, añada compost o estiércol bien descompuesto en grandes cantidades.
○ Elija las variedades con sumo cuidado, ya que algunas son más resistentes a las plagas, las enfermedades y la sequía que otras.

La familia de las coles

El grupo de las crucíferas comprende numerosas hortalizas de hoja y tallo que gustan de suelos ricos, húmedos, compactos y alcalinos. Si se dan estas condiciones, disfrutará de una cosecha de gran calidad a lo largo de todo el año, sobre todo en invierno, cuando escasean otras hortalizas.

Coliflor lista para recolectar

COL

De formas redondeadas o estilizadas, verdes o rojas, de hojas planas o muy gruesas, la verdad es que hay coles para todos los gustos. Se siembran en diferentes épocas del año según la variedad de que se trate. Para el jardín culinario, es mejor optar por las de crecimiento rápido y cogollo compacto, ya que duran más sin riesgo de estropearse.

Cultivo

Siembre las coles a 2,5 cm de profundidad en el espacio que les haya reservado, o bien en un semillero para luego trasplantarlas. Espácielas para que queden a 7,5 cm de distancia entre sí y, cuando tengan seis semanas, trasplante las plantitas al bancal definitivo, que debe ser luminoso. Se pueden cultivar en macetas y módulos colocados bajo una campana de cristal. Espacie las coles primaverales de modo que queden

▽ **PARA OBTENER LAS** *mejores coles de Bruselas, las plantas requieren, como esta «Oliver» de la ilustración, espacio abundante y un suelo compacto. Cúbralas con una red para protegerlas de las palomas hambrientas.*

HERNIA

Esta enfermedad de las raíces es tal vez la afección más grave con que pueda encontrarse una crucífera. Como medida de precaución, encale siempre el suelo antes de plantar cualquier variedad y nunca cultive crucíferas dos años consecutivos en el mismo lugar. Si sus plantas padecen hernia, intente cultivarlas en macetas todo el tiempo que le sea posible de manera que cuando las vuelva a trasplantar ya se les haya formado algo de corona.

separadas entre sí unos 25 cm, entre 38 y 45 cm en el caso de las variedades estivales y otoñales, y 50 cm en el de las invernales. Mantenga el suelo húmedo y preste atención a la aparición de plagas tales como la oruga de la mariposa de la col, la mosca de la col o la hernia; si es conveniente, instale una red contra los pájaros. Recolecte las coles a medida que las necesite y deje siempre unos «tocones» de entre 5 y 7,5 cm de alto para que rebroten de nuevo.

COLES DE BRUSELAS

Estas resistentes hortalizas no le ocuparán mucho sitio siempre y cuando elija un híbrido F1 compacto y recolecte la parte superior de la planta cuando los cogollos inferiores estén a medio formar. Entre las variedades precoces, las normales y las tardías, se puede alargar la temporada de finales del verano a principios de la primavera.

Cultivo

Siembre en una campana de cristal a finales del invierno, o bien en un semillero durante la primavera, a 1 cm de profundidad, y proceda como con las coles. Trasplántelas

al emplazamiento definitivo cuando hayan alcanzado los 15 cm de altura y plántelas de manera que haya una distancia de 50 a 60 cm entre col y col; apisone el suelo. Abone a mediados del invierno, pero no más tarde, y sujete los tallos que se inclinen con tutores. Empiece a recolectar cuando los cogollos inferiores estén lo bastante grandes, y arranque las hojas que queden por debajo. Si el invierno es especialmente frío, arranque la planta del todo y déjela boca abajo en un lugar resguardado del exterior.

COLIFLOR

Ésta es, tal vez, la hortaliza más preciada y todo un reto para cualquier jardinero. Cultívela en un suelo muy abonado y riegue con asiduidad para obtener cosechas de calidad. Además de la variedad más tradicional de color blanco, las hay también de color amarillo y rojo. Hay, incluso, una variante perenne que se desarrolla hasta formar un arbusto alto y ramificado.

Cultivo

Siembre las variedades estivales a principios de la primavera (unas cuantas semanas más tarde en el resto de los casos), tanto bajo una campana de cristal como en el bancal correspondiente, como si se tratase de coles de Bruselas. Riegue antes y después de trasplantar, y asegúrese de que quedan entre 45 y 60 cm de separación entre coliflor y coliflor. El suelo ha de ser rico y con un alto contenido de cal. Recolecte las pellas blancas cuando estén firmes y duras; si hace frío, desentierre las plantas y colóquelas del revés en un lugar templado durante unas semanas.

△ **LAS CRUCÍFERAS** *de hojas rizadas y de color rojo dan excelentes resultados en cualquier arriate como plantas ornamentales.*

CONSEJOS PRÁCTICOS

COL
○ Los híbridos F1 suelen tener un tamaño más uniforme; además, son resistentes a ciertas enfermedades y plagas.
○ Si no dispone de mucho espacio, céntrese en las variedades invernales, que son las que suelen lucir más.
○ Explore las posibilidades de formas y sabores de las variedades orientales, pero no las siembre demasiado pronto, ya que entonces se desarrollarán con excesiva velocidad y se volverán sensibles a las heladas.

COLES DE BRUSELAS
○ Si el espacio no da para mucho, trasplante las plantitas entre hileras de patatas tempranas.
○ Disponga las plantitas de forma que las hojas inferiores queden a ras de suelo.
○ Las coles de Bruselas requieren un suelo muy compacto. Asegure, pues, la base de los tallos que hayan podido quedar sueltos por la acción del viento o las heladas.
○ Las hojas de la parte superior son comestibles siempre y cuando se arranquen tiernas.

COLIFLOR
○ Si el jardín es pequeño, cultive coliflores enanas de ración individual con una separación entre sí de 15 cm.
○ El acolchado contribuye a que la planta conserve el grado de humedad adecuado.
○ Arranque algunas hojas de las capas más externas y cubra con ellas la pella para resguardarla de las heladas y el sol directo.
○ Recolecte las pellas cuando todavía no sean demasiado grandes, ya que suelen madurar de forma simultánea.

BRÉCOL
○ El brécol tolera un suelo menos fértil que el resto de las crucíferas, por lo que constituye una excelente alternativa a la coliflor.
○ Las variedades de crecimiento rápido tardan entre diez y once semanas en madurar, un mes más en el caso del resto de las variedades.
○ Ubique las variedades más precoces en un emplazamiento cálido; las estivales, en cambio, requieren algo de sombra.
○ Siembre una variedad temprana a finales del invierno y trasplántela a una cajonera fría para recoger las pellas en primavera.

BRÉCOL

Las cabezuelas en forma de coliflores diminutas que caracterizan al brécol hacen de éste una de las hortalizas más populares y fáciles de cultivar de cualquier jardín culinario, siempre y cuando se opte por un híbrido F1 de crecimiento rápido. Muchas variedades desarrollan brotes laterales secundarios después de haber cortado la corona principal.

Cultivo

Siembre a menudo pero en pocas cantidades desde principios de la primavera a mediados del verano. Hágalo en grupos de dos o tres semillas por módulo (en el semillero o bajo una campana de cristal) y separadas entre sí 23 cm para que no se toquen las raíces; con el tiempo, entresaque hasta que quede una sola planta. Riegue con regularidad y acolche. Recolecte la corona central cuando todavía esté tiesa, abone con un fertilizante rico en nitrógeno y corte los brotes laterales que queden cuando alcancen los 10 cm de longitud.

BRÉCOL DE COLORES PÚRPURA Y BLANCO

❖

Estas conocidas crucíferas desarrollan a principios de año múltiples pellas de color blanco o púrpura sumamente sabrosas. En primavera, siémbrelas en un semillero y trasplántelas en verano dejando de 45 a 60 cm de separación entre brécol y brécol. Los brotes más jóvenes empiezan a desarrollarse a finales del invierno y se pueden cortar durante bastante tiempo.

Otras hortalizas de hoja

Probablemente, dentro de las hortalizas el grupo más numeroso corresponde a las de hoja comestible. De éstas, casi la mitad son crucíferas, grupo al que no paran de incorporarse más y más variedades. Pero, además de éstas, son muchas las hortalizas de hoja que quedan por explorar, como las mismas espinacas y sus variantes, todas ellas de un alto poder nutritivo y, por si fuera poco, realmente decorativas.

CRUCÍFERAS ORIENTALES

La mayoría de las crucíferas orientales se caracterizan por su inconfundible sabor, de una gran delicadeza y muy diferente del de sus equivalentes europeas. A diferencia de estas últimas, no se sirven hervidas, sino que se suelen tomar rehogadas, pasadas ligeramente al vapor o, si están lo suficientemente tiernas, incluso crudas. La col china presenta una gran variedad de formas, unas redondeadas o cilíndricas, y otras con las hojas cónicas o anchas. Las verduras chinas y japonesas suelen poseer un punto aromático o picante y, una vez más, apenas sí requieren preparación alguna. Son ideales para consumir en otoño e invierno, aunque en los jardines más templados pueden cultivarse todo el año, sobre todo si se utilizan las modernas variedades híbridas de crecimiento rápido.

Cultivo

La mayoría de estas variedades se siembran entre mediados del verano y principios del otoño, tanto directamente en el bancal como en módulos, para así no mover las raíces, lo que podría provocar un desarrollo excesivamente rápido de la planta. Espacie o trasplante las plantitas de forma que quede entre ellas una separación de 23 a 30 cm, y utilice siempre un suelo alcalino y rico que retenga la humedad. Riegue y acolche si el tiempo es seco. Cabe también la posibilidad de sembrar en primavera; en ese caso, espacie las plantitas de forma que queden de 5 a 8 cm de separación entre ejemplar y ejemplar, y córtelas cuando hayan alcanzado una altura de 10 cm de alto.

COL RIZADA

El grupo de la col rizada abarca una gran diversidad de variedades, desde las que poseen una única cabezuela sobre un tallo en forma de calabacín a las que, por el contrario, cuentan con infinidad de ellas; desde las que tienen hojas pequeñas y sencillas a las que las tienen rizadas y decorativas. La col negra toscana, también conocida como *cavolo nero* o *nero di Toscana*, destaca por sus curiosas hojas, alargadas y como con ampollas, mientras que la col

Col china «Ruffles»

---

de Abisinia es una variedad enana de crecimiento rápido. Todas estas variedades de col rizada se caracterizan por su resistencia y lo abundante de sus cosechas, y como más sabrosas resultan es cocinadas al vapor o salteadas.

Cultivo

Siembre a finales de la primavera en un semillero exterior y trasplante las plantitas cuando tengan unas seis semanas y entre cuatro y seis hojas. Entre col y col debe haber una separación de 45 cm, que se puede aprovechar para plantar rábanos o lechugas. A partir de finales del otoño ya se pueden recolectar las principales hojas de pequeño tamaño, pero la verdadera recolección se lleva a cabo desde finales del invierno en adelante, a medida que se desarrollan los brotes laterales (córtelos cuando hayan alcanzado los 10 cm de longitud).

Acelga cardo

ACELGA Y ACELGA CARDO

En ambos casos, constituyen una buena alternativa a las espinacas, ya que las dos son más productivas. La acelga posee unas pencas carnosas de grandes dimensiones y sabor suave, y su temporada es bastante prolongada: con dos siembras ya se tiene para todo el año. Con sus anchos tallos teñidos de blanco u otras tonalidades y sus carnosas pencas de grandes dimensiones, la acelga cardo es una hortaliza sumamente vistosa. Tanto las hojas como los propios tallos se suelen preparar por separado.

Cultivo

En ambos casos, siembre a pleno sol o con algo de sombra, en primavera para recolectar en verano y otoño, y a finales del verano para hacerlo en invierno y primavera. Trasplante las plantitas desde un semillero o espácielas en el mismo lugar de modo que queden 30 cm entre ejemplar y ejemplar. Riegue si el tiempo es seco y acolche los suelos ligeros. Recolecte las hojas cuando hayan crecido lo bastante o bien corte la planta entera, dejando un «tocón» de 2,5 cm para que pueda rebrotar.

ESPINACA

Las espinacas de verano no son fáciles de cultivar, a no ser que se les proporcione un suelo rico y húmedo con algo de sombra que las resguarde del sol directo, de forma que no se dé un desarrollo excesivamente rápido. Por lo que respecta

OTROS TIPOS DE ESPINACA

La espinaca de Nueva Zelanda (*Tetragonia expansa*) es una variedad anual con unos tallos desmadejados de los que salen unas hojas carnosas de un verde intenso, ideal para cubrir espacios de suelo libres y con una mayor capacidad para resistir la sequía y el calor que el resto de las espinacas. Las hojas tiernas de *Chenopodium bonus-henricus*, una perenne tan robusta como prolífica, se utilizan como espinacas, mientras que los tallos más tiernos que salen en primavera constituyen una alternativa a los espárragos. Por otro lado, tanto *Basella alba*, una variedad de la espinaca amante del calor, como la vigorosa anual *Atriplex hortensis*, también conocida como espinaca de montaña, constituyen, esta última sobre todo en sus variantes roja y dorada, otras sabrosas alternativas que bien vale la pena probar.

a las espinacas de invierno, éstas se pueden recolectar entre finales del otoño y la primavera y no presentan tantos problemas. Algunas variedades modernas se pueden cultivar en ambas estaciones.

Cultivo

Siembre las variedades estivales en el emplazamiento definitivo, y hágalo a intervalos entre principios de la

Espinaca «Cruciferae»

primavera y principios del verano. Entre planta y planta debe haber de 15 a 20 cm de separación. Las variedades de invierno, a su vez, se siembran también *in situ* a finales del verano o principios del otoño, y se deja una separación de 23 cm entre las plantas. Si el tiempo es seco, riegue con asiduidad, y cubra las variedades invernales a partir de mediados del otoño. Recolecte de forma periódica, sobre todo las espinacas de verano, ya que de lo contrario podrían empezar a florecer.

CONSEJOS PRÁCTICOS

CRUCÍFERAS ORIENTALES
○ Una opción económica para cultivar estas crucíferas consiste en dejar que crezcan mezcladas todas entre sí.
○ Si el clima es caluroso, elija variedades que no sean proclives a desarrollarse con excesiva rapidez y no las siembre antes de mediados del verano.
○ Si se abonan y riegan bien, los «tocones» de entre 2,5 y 5 cm de alto de las coles chinas suelen rebrotar.

COL RIZADA
○ Si se siembra a finales del invierno y se deja una separación de 5 cm entre col y col, se obtiene una cosecha más abundante de hojas tiernas, ideales para rehogar.
○ Si las coles se encuentran en un emplazamiento templado y se evita que florezcan, continuarán apareciendo brotes nuevos hasta principios del verano.
○ La col rizada es menos proclive a contraer enfermedades que otras crucíferas, de ahí que constituya una excelente opción allí donde haya riesgo de hernia.

ACELGA Y ACELGA CARDO
○ Siémbrelas en otoño en una caja o cajonera profundas y sin espaciar, y corte las hojas más tiernas para acompañar las ensaladas.
○ El acolchado contribuye a conservar la humedad así como a mejorar la calidad de la cosecha.
○ Encale los suelos ácidos para que las plantas cobren fuerza y las hojas ganen color.

ESPINACA
○ Para las siembras más tardías, elija una variedad resistente al mildiu.
○ Diversifique la recolección entre varios ejemplares en vez de deshojar uno o dos del todo.
○ La espinaca de invierno gusta de un muy buen drenaje, así como de cierta protección, desde mediados del otoño hasta principios de la primavera.

Diversificar la oferta

Las hortalizas ofrecen al jardinero un campo ilimitado de posibilidades. Además de las verduras para ensalada, las coles, las hortalizas de raíz y tubérculo y las legumbres, existen otras muchas hortalizas que bien merecen nuestra atención a la hora de ampliar la oferta de productos frescos en el jardín.

△ SIEMBRE LOS **CALABACINES** *de uno en uno y en macetas pequeñas colocadas bajo una campana de cristal. Estas macetas, fabricadas con papel de periódico, se descomponen en la tierra.*

AJO

Cada vez más popular, el ajo es una hortaliza muy resistente y fácil de cultivar. Siembre en otoño, ya que para obtener unas buenas cabezas de ajo es preciso que la planta pase varias semanas a bajas temperaturas.

Cultivo

Prepare el suelo como para la cebolla. Separe las cabezas de ajo en dientes y plante éstos de uno en uno y puestos hacia arriba en unos hoyos de 7,5 cm de profundidad y con una separación de entre 15 y 20 cm a ambos lados. Otra posibilidad es plantarlos en macetas (una por diente) y colocar éstas en una cajonera fría hasta que se vayan a trasplantar en primavera. Riegue si el tiempo es seco y entrecave el suelo con regularidad. Cuando las hojas de los extremos se tornen amarillas, arranque los bulbos y colóquelos en ristras para que se sequen al sol. Guárdelos en un sitio seco y a salvo de heladas.

CALABAZA Y CALABACÍN

Dentro de la familia de las cucurbitáceas, hay variedades de invierno –como el calabacín– y verano –diversas clases de calabazas–. Todas ellas se cultivan de idéntica forma.

◁ LOS PUERROS, *pertenecientes a la familia de las cebollas, son unas hortalizas muy resistentes y agradecidas que se pueden cultivar en cualquier sitio. Sus hojas proyectan muy poca sombra sobre las plantas situadas junto a ellas.*

Cultivo

No son hortalizas especialmente resistentes, así que lo mejor es sembrarlas en macetas colocadas bajo una campana de cristal un mes antes de que se vayan a trasplantar. Siembre las semillas de una en una en hoyos de 2,5 cm de profundidad situados junto al borde de las macetas, que deben ser de pequeñas dimensiones. Cave un hoyo para cada una de las plantitas de 30 cm de profundidad y diámetro, y rellénelo hasta la mitad con estiércol descompuesto o compost de jardín; cubra la otra mitad con tierra dejando una hoya en la superficie para retener el agua del riego. Una vez hayan pasado las últimas heladas, plante la hortaliza en el centro de dicha hoya. Cuando se inicie la floración, riegue abundantemente cada semana y acolche para conservar la humedad del suelo. Despunte los tallos de las variedades rastreras cuando hayan alcanzado los 60 cm de longitud. Asimismo, empiece a recolectar los primeros calabacines cuando alcancen 10 cm de altura y conserven todavía la flor. Por lo que respecta al resto de las cucurbitáceas, recoléctelas cuando sean lo bastante grandes.

CEBOLLA

La cebolla es una hortaliza imprescindible en cualquier cocina. Además, resulta fácil de cultivar siempre y cuando se planten bulbos con algún brote de unas cuantas semanas. Toleran los suelos pobres, animan el inicio de la temporada y, por si fuera poco, suelen madurar antes que las hortalizas de semilla.

Cultivo

Elija un lugar donde el suelo esté suelto y rico como consecuencia de un cultivo anterior, o bien cávelo después de haber esparcido en él una buena cantidad de compost y apisónelo. Con ayuda

△ CUELGUE LOS **AJOS** *y las cebollas en ristras y póngalos a secar en un lugar aireado de forma que se conserven lo más tiernos posible.*

de un trasplantador, plante los bulbos cada 7,5 o 10 cm en hileras separadas entre sí de 25 a 30 cm y de forma que los extremos de los brotes queden al nivel del suelo. Plante las variedades normales a principios de la primavera y las que hayan de recolectarse después del invierno, a mediados del otoño.

Entrecave la tierra con regularidad y no menos precaución, pues las raíces se encuentran muy próximas a la superficie. Riegue si el tiempo es seco y abone una vez al mes. Recolecte cuando los bulbos hayan crecido lo bastante y, si desea almacenarlos, espere a que la parte superior se seque, rastrille el suelo y deje las cebollas esparcidas para que se sequen al sol. Guárdelas en un lugar templado.

PUERRO

Tanto en su variedad de tallo grueso y corto como en la de tallo diminuto y alargado, es posible obtener puerros durante ocho meses al año. Es muy fácil de cultivar y existen variedades tempranas, tardías y de temporada media; los períodos se solapan unos con otros.

Cultivo

Compre las plantitas a principios de verano o siémbrelas en un semillero exterior durante la primavera, a 1 o 2 cm de profundidad y con una distancia entre puerro y puerro de 4 cm. Cuando hayan alcanzado entre 15 y 23 cm de alto y tengan dos o tres hojas robustas, desplántelas y vuélvalas a plantar cada 15 cm en hileras con una separación entre sí de 30 cm. Se pueden plantar directamente en la superficie o bien, en

△ LOS CALABACINES *de color amarillo son tan sabrosos como los verdes, mucho más conocidos, y constituyen una excelente opción para cultivar en casa.*

△ ESTOS PUERROS *han crecido bien con un acolchado de papel de periódico, el mismo que ha permitido a las cebollas conservar la humedad del suelo. No obstante, en este último caso conviene exponer los bulbos al sol tan pronto como maduren.*

el caso de los ejemplares más grandes, en hoyos de 15 cm de profundidad (una planta por hoyo), excavados con ayuda de un trasplantador; rellénelos con agua para asentar las plantas. Riegue si la tierra está seca y abone una o dos veces hasta finales del verano. Recolecte los puerros tan pronto como alcancen el tamaño adecuado.

CONSERVACIÓN

Recolecte las calabazas y el resto de las variedades de invierno antes de que lleguen las primeras heladas del otoño, justo cuando los tallos empiezan a secarse. Corte cada una de las calabazas con un trozo generoso de tallo y déjelas secar durante dos semanas al calor de los rayos del sol directamente en el exterior o bien bajo una campana de cristal. Una vez se haya endurecido la corteza y el interior suene hueco, guarde la calabaza.

CONSEJOS PRÁCTICOS

AJO
- El ajo prefiere los suelos ligeros, así que remueva bien los que sean más pesados.
- El hecho de que florezcan no implica que duren menos una vez recolectados.
- Las enfermedades pueden dejar secuelas bajo la forma de hojas amarillas. De todos modos, los bulbos afectados son perfectamente comestibles.
- Guarde unos cuantos bulbos para replantarlos al año siguiente.

CALABACÍN Y CALABAZA
- Cultive los calabacines rastreros entre el maíz a modo de plantas cobertoras.
- Las calabazas y los calabacines plantados sobre un manto de compost disfrutan de un suelo mucho más fértil.
- Para aumentar la cosecha, corte los frutos más pequeños para su consumo inmediato y deje que unos cuantos adquieran mayor tamaño para luego guardarlos.
- A medida que crezcan los tallos del calabacín, sujételos a unos tutores verticales. De ese modo, la planta se airea mejor y, por tanto, se reduce el riesgo de mildiu.

CEBOLLA
- Si se riegan o abonan las variedades comunes a partir de mediados del verano, duran menos una vez recolectadas.
- Recolecte primero los bulbos partidos, abultados en la parte superior o ya florecidos, pues se estropean antes.
- Algunos jardineros tienden a alternar hileras de cebollas y zanahorias para «despistar» a la mosca de la zanahoria.

PUERRO
- Realice las primeras siembras a finales del invierno en bandejas o módulos y bajo una campana de cristal.
- Para obtener un tallo blanco más alargado, tire del mismo a medida que se desarrolle.
- Las variedades precoces no son tan resistentes, por lo que es mejor recolectarlas antes del invierno.

33

Plantas poco habituales

La afición por los jardines culinarios acaba teniendo algo de compulsiva, de ahí que muchas veces se cultiven plantas por las que, aun siendo poco habituales en jardines, se siente una especial predilección. Algunas de las hortalizas más comunes tienen una serie de cualidades antes ignoradas: el llamativo verde de la mata del nabo o las refrescantes yemas del salsifí son sólo un ejemplo.

Alcachofa

ALCACHOFA

Esta aristocrática perenne requiere un emplazamiento perfectamente resguardado. Con sus elegantes hojas verdiazuladas y sus flores malvas en forma de cardo, la alcachofa merece sin duda alguna un lugar en cualquier margen herbáceo, aunque lo cierto es que prefieren los suelos ricos en estiércol o compost propios de los arriates de flores. La parte comestible corresponde a las yemas gruesas de color verde o púrpura, que se pueden consumir tanto frescas como, sobre todo en invierno, en conserva.

Cultivo

Siembre en un semillero a principios de la primavera y trasplante en verano las plantas más robustas a un emplazamiento cálido y soleado con una separación entre planta y planta de 60 a 75 cm. Otra opción consiste en plantar brotes enraizados en primavera y a esa misma distancia. Riegue con regularidad y acolche con compost o estiércol. A mediados del verano, corte las yemas laterales más pequeñas, seguidas de la cabezuela central, más grande. Divida la planta cada tres o cuatro años y replante los brotes jóvenes en suelo fresco.

APIO NABO

Emparentado con el apio, el apio nabo desarrolla una base bulbosa y consistente que se recolecta en otoño. Se consume tanto crudo como cocinado, y las hojas más tiernas se utilizan para añadir sabor a los guisos.

Prospera allí donde el suelo es demasiado seco o el clima es muy caluroso para que el apio común crezca sin problemas, aunque sin duda es en un suelo rico y húmedo donde se obtienen los «bulbos» de mejor calidad.

Cultivo

Siembre y plante como con el apio, espaciando las plantitas a una distancia de 30 cm. Riegue en abundancia si el tiempo es seco, y acolche. En el caso de los ejemplares más voluminosos, abone de vez en cuando, desentiérrelos a mediados de otoño y guárdelos en cajas con paja o, si es en un sitio al aire libre, cúbralos con hojas, paja o tierra para que no se hielen.

ESPÁRRAGO

Aunque esta deliciosa liliácea perenne tan sólo da fruto durante ocho semanas (la última a principios de verano), posee un peculiar follaje que la convierte en un elemento decorativo de referencia en el jardín durante toda la temporada, en concreto hasta mediados del otoño, fecha en la que adquiere un intenso color amarillo a medida que se seca. No es preciso dedicarle todo un bancal de grandes dimensiones, pues prospera sin problemas en pequeños grupos, en una única hilera e incluso en macetas de gran tamaño y bastante profundas.

Cultivo

Siembre en el exterior a finales de la primavera, dejando una separación de

◁ **LOS BULBOS** *del apio nabo situados al nivel del suelo empiezan a hacerse más gruesos a medida que se aproxima el otoño.*

8 cm entre mata y mata, y trasplante al año siguiente las mejores garras, dejando esta vez una distancia de 45 cm. Otra opción es comprar garras plantarlas en hoyos de 10 cm de profundidad, de modo que las raíces dispongan de suficiente espacio. En otoño, después de cortar las frondas secas, aplique un acolchado de compost o estiércol bien descompuesto. No recolecte ningún espárrago durante el primer verano, recoja unos cuantos al año siguiente, y espere al tercer año para realizar una recolección a conciencia.

HINOJO DULCE

Esta planta tardía, también llamada hinojo dulce de Florencia, posee un follaje filiforme muy similar al del anís, así como un «bulbo» oblongo y aromático de sabor dulzón situado en la base de un tallo algo estriado. Es imprescindible contar con un suelo rico y cálido. Una buena opción consiste en plantar unos cuantos ejemplares como motivo decorativo en una maceta grande que se pueda cambiar de sitio y llevar a un lugar soleado o a cubierto según la estación.

Cultivo

Siembre en verano, ya sea *in situ* como en módulos para no lastimar las raíces, y deje 30 cm de separación entre ejemplares. Mantenga la tierra bastante húmeda y abone de vez en cuando. Aporque la base del tallo a medida que se hinche y blanquéelo dos o tres semanas. Recolecte a principios del otoño.

NABO

El nabo gallego de calidad requiere una larga estación de crecimiento en un suelo rico. En cambio, las variedades de color amarillo tardan menos tiempo en madurar y soportan mejor la escasez de agua, con lo que se convierten en una alternativa ideal al primero.

34

Los nabos precoces de color blanco o púrpura son muy sabrosos y crecen rápido en suelos húmedos a modo de cultivo intercalar; recoléctelos cuando todavía sean pequeños.

Cultivo

Siembre las variedades tempranas *in situ* cada tres o cuatro semanas desde principios de la primavera a mediados del verano, y aclare las plantas de modo que haya de 8 a 10 cm de separación entre cada una de ellas. Siembre a principios de otoño las variedades más resistentes, que deberá recolectar en primavera, una vez hayan alcanzado los 15 cm de altura. Riegue en abundancia y no deje que la raíz se haga demasiado grande y fibrosa.

PATACA

Los tubérculos dulzones de la pataca, también llamada aguaturma o tupinambo, no son fáciles de encontrar en las tiendas, ya que con la exposición al aire se estropean enseguida. Emparentada con el girasol, se

◁ **LA CORTEZA** *negra de la escorzonera esconde una raíz de color blanco con una carne tierna y deliciosa.*

trata de una planta muy fácil de cultivar y con un alto valor nutritivo. Además, dado que no contiene fécula, es una alternativa ideal a las patatas. Los ejemplares de tallos altos son un excelente cortavientos o pantalla estacional.

Cultivo

Plante tubérculos pequeños a principios de la primavera, a 10 cm de profundidad y con 30 cm de separación entre ejemplares. Riegue y acolche cuando el tiempo sea seco, y cubra con tierra o sostenga con tutores los tallos que queden demasiado desprotegidos. Recolecte desde principios del otoño en adelante a medida que necesite los tubérculos, o bien desentiérrelos todos de una vez, guarde los más pequeños para replantarlos y coloque el resto en el interior de cajas con arena húmeda.

SALSIFÍ

Tiene unas raíces de color blanco y sabor suave, y unas atractivas flores de color malva. Está emparentado con la escorzonera, aunque en éste las flores son amarillas y la corteza de las raíces es negra. Tanto el uno como la otra son fáciles de cultivar y no suelen presentar complicaciones. La escorzonera es una perenne que embellece cualquier margen con flores; el salsifí se puede dejar enterrado durante el invierno para forzar y blanquear los brotes de hojas nuevas.

Cultivo

Siembre a mediados de la primavera en el emplazamiento definitivo, a pleno sol y en un suelo bien azadonado. Espacie las plantitas de forma que haya de 10 a 15 cm entre cada una de ellas, y mantenga siempre húmedo el suelo para que las raíces ganen en grosor. Desentiérrelas a medida que las necesite, a partir de mediados del otoño. Si el suelo es pesado, desentiérrelas todas y guárdelas en cajas con arena seca.

CARDOS

❖

Parientes próximos de las alcachofas, los cardos resultan incluso más decorativos que aquéllas gracias a su imponente follaje azul grisáceo y sus largos tallos coronados de flores. Cultive ejemplares sueltos en lugares destacados del jardín y conviértalos en puntos focales del mismo. Blanquee los tallos con hojas entre cuatro y seis semanas antes de consumirlos. Para ello, ate las hojas con cierta holgura y cúbralas con papel de estraza o un envoltorio de paja.

CONSEJOS PRÁCTICOS

ALCACHOFA
- ❍ Para que las alcachofas aumenten de tamaño, deje tres o cuatro yemas por rama.
- ❍ Las variedades de color púrpura destacan por su sabor. Cubra las variedades menos espinosas con un acolchado invernal de hojas o paja.

APIO NABO
- ❍ Retire a finales de verano algunas hojas de la parte inferior para que los bulbos reciban la luz del sol.
- ❍ El apio nabo dura hasta finales de la primavera, así que trasplántelo a cualquier otro lugar del jardín si necesita el espacio para otras plantas.

ESPÁRRAGO
- ❍ Las variedades híbridas producen brotes carnosos más gruesos, pero como contrapartida requieren mucho más abono.
- ❍ Limpie el terreno de todas las malas hierbas perennes antes de plantar, ya que luego resulta más difícil deshacerse de ellas.

HINOJO DULCE
- ❍ Algunas variedades modernas que no tienden a desarrollarse con excesiva rapidez se pueden sembrar a partir de finales de la primavera, aunque es mejor hacerlo después de principios de verano.
- ❍ Al recolectar, deje un «tocón» de 2,5 cm, del que brotarán unos cuantos tallos pequeños muy tiernos y sabrosos.

NABO
- ❍ Cubra con tierra los nabos que queden sin recolectar durante el invierno para que en primavera desarrollen unos brotes tiernos y blancos.
- ❍ A finales del invierno, siembre las zanahorias y los nabos tempranos en una cajonera, dispuestos en hileras salteadas con lechugas.

PATACA
- ❍ Los tubérculos que se dejan en la tierra vuelven a rebrotar, aunque lo mejor es plantarlos cada año con tierra rica y nueva.
- ❍ Corte y deseque los tallos en otoño para utilizarlos como tutores al año siguiente.

SALSIFÍ
- ❍ Se trata de una planta bienal que desarrolla las yemas de floración comestibles en el segundo año de vida.
- ❍ Recorte los ejemplares que hayan florecido para evitar que se autosiembren y se propaguen en exceso.

35

Invernaderos y cajoneras frías

Si se limita a cultivar sus plantas al aire libre y sin protección, quedarán a merced de los caprichos del tiempo. Por el contrario, si instala un invernadero o una cajonera fría, no sólo jugará sobre seguro sino que además podrá ampliar el repertorio de especies.

ELECCIÓN DEL INVERNADERO

Un invernadero constituye un desembolso considerable, pero las ventajas que comporta son tales (cosechas antes de lo habitual, plantas resguardadas del frío invernal, microclima especial para las variedades estivales delicadas) que lo compensan. Existen en el mercado modelos que se ajustan a todos los presupuestos y disponibilidades de espacio imaginable. Obviamente, antes de decantarse por uno u otro modelo, piense cuáles son sus necesidades y prioridades. La estructura tradicional con techo inclinado ocupa menos espacio que la de nave independiente; además, las paredes inclinadas recogen mejor el calor de los rayos solares. Las estructuras de aluminio con cristales hasta el nivel del suelo dejan pasar una gran cantidad de luz al interior, pero en invierno son más frías que las fabricadas con madera y en las que el cristal descansa sobre una pared baja que llega hasta la altura de la cintura. Aunque no resultan tan eficientes, los invernaderos en forma de túnel y con recubrimiento de polietileno son una alternativa más asequible y segura, sobre todo si hay niños.

▷ **UN INVERNADERO,** *sea cual sea su tamaño, constituye el lugar ideal donde cultivar las plantas más tiernas así como las más delicadas.*

Independientemente del modelo por el que se decante, elija siempre el que disponga de un mayor espacio aprovechable. Un espacio que, por otro lado, a buen seguro no tardará en ocupar, sobre todo durante las primaveras frías, cuando hay un gran número de plantas diferentes por sembrar y tantas otras que esperan el momento idóneo para salir al exterior.

MANTENIMIENTO

Las plantas de invernadero dependen por completo de los cuidados del jardinero para crecer sanas y robustas. Desatendidas, tal vez lleguen a sobrevivir una semana o incluso algo más durante el invierno, pero en plena temporada de crecimiento suelen necesitar de cuidados diarios. Dése una vuelta por el invernadero cada mañana o noche para echar un vistazo general: enseguida aprenderá a reconocer el inconfundible olor a húmedo que

◁ **EL TÚNEL INVERNADERO** *no sólo es más barato y sencillo de construir que el invernadero clásico, sino que además aumenta la temperatura y prolonga la estación de crecimiento de forma sumamente eficaz.*

desprende nada más abrir la puerta el interior de un invernadero bien cuidado.

La ventilación es un aspecto fundamental sea cual sea el tiempo que haga. Incluso cuando los días sean fríos, es conveniente airear el interior durante una hora (a mediodía es un buen momento) para que circule el aire. Asimismo, a veces se encontrará con la necesidad de dejar las ventanas abiertas durante toda la noche a mediados del verano, pues en el interior las temperaturas pueden alcanzar cotas realmente extremas. Para evitarlo, basta con encalar los cristales entre primavera y otoño, y colocar un revestimiento aislante en el interior durante el invierno. Por otro lado, para refrescar el ambiente en verano da muy buenos resultados aumentar el nivel de humedad si riega o moja el suelo. En invierno, en cambio, mantenga las plantas lo más secas posibles para evitar la proliferación de enfermedades. Después de regar, deje siempre llena la regadera: no sólo ayudará a regular la temperatura ambiente, sino que además podrá regar al instante cualquier planta que observe alicaída.

CÓMO UTILIZAR UNA CAJONERA FRÍA

Una cajonera fría no es más que un recipiente de cristal, plástico o cualquier otro material

EQUIPAMIENTO DE UN INVERNADERO

TABLEROS Es importante contar con diversos tipos de tableros y gradas que permitan colocar las plantas a una altura cómoda y accesible. Los soportes más versátiles son sin duda los de tipo plegable que, en un momento dado, se pueden colocar durante un tiempo en un lateral y servir de apoyo a todo tipo de plantas. Los tableros cuya parte superior se compone de listones ligeramente separados entre sí permiten un mejor drenaje y una mayor ventilación. Si la superficie es compacta, cúbrala con gravilla o un recubrimiento absorbente para reducir el riego.

CALEFACCIÓN Cualquier instalación de calefacción resulta cara y debe estar justificada. La mejor alternativa consiste en aislar todo el invernadero y tan sólo recurrir a la calefacción para calentar una pequeña parte con motivo de una helada intensa o durante la siembra en primavera. La opción más económica es una estufa de parafina.

VENTILACIÓN AUTOMÁTICA
Imprescindible si no desea encontrarse con golpes repentinos de calor, así como evitarse quebraderos de cabeza en los momentos críticos. Instale un sistema de apertura con un termostato integrado en cada uno de los respiraderos, y regúlelos según la temperatura.

IRRIGACIÓN AUTOMÁTICA
Implica un mayor grado de sofisticación y resulta especialmente indicado para las plantas más delicadas o si debe ausentarse algún tiempo en verano. El agua procede de un pequeño depósito o de las mismas cañerías, y la frecuencia viene determinada por un temporizador.

PROPAGADOR De gran utilidad a la hora de sembrar o de enraizar esquejes en un ambiente cálido. Hay varios modelos eléctricos con termostato incorporado, aunque con una simple caja de madera o plástico se consiguen resultados perfectamente válidos.

---

consistente cubierto por una tapa extraíble. Si bien no siempre resulta fácil integrarla con el medio de trabajo, lo cierto es que puede llegar a ser tan versátil como un invernadero, sobre todo si se puede desplazar de un lugar a otro. Los mejores modelos son los que no tienen base, es decir, aquellos en los que se puede sembrar o plantar directamente en la tierra que queda en su interior y que, cuando ya no se necesitan más, se retiran dejando las plantitas perfectamente enraizadas. Una de las ventajas de la cajonera fría es que se puede abrir o incluso retirar del todo la tapa para que pase el agua de la lluvia, con lo que el riego se hace innecesario. Además, para aislarla en invierno basta con recubrirla con un plástico de burbujas o una manta vieja.

Por otro lado, la cajonera fría permite disponer de un entorno controlado con multitud de aplicaciones prácticas, como resguardar del exterior las siembras más tempranas o los esquejes más tardíos; cuidar las plantas de verano más vulnerables al frío, como los melones o los tomates de enrame; secar las cebollas durante un verano húmedo; o mantener en buen estado durante el invierno hortalizas tales como la lechuga o los rábanos. Cabe la posibilidad de colocarla encima de una pila de compost en proceso de fermentación de manera que el interior alcance una temperatura lo bastante elevada como para alargar la temporada de una planta en particular, igual que si se tratase de una cajonera caliente.

◁ **UNA CAJONERA FRÍA**
es barata, compacta y sumamente versátil. De hecho, son muchos los jardineros que la consideran más importante que el propio invernadero.

EL INVERNADERO A LO LARGO DEL AÑO

INVIERNO
Ahorre en calefacción aislando la estructura y, si es preciso, recubra las plantas con un lienzo o papel de periódico en caso de una helada intensa. Mantenga seco el ambiente, pero riegue siquiera un poco las plantas en crecimiento; ventile de vez en cuando los días de menos frío. Retire las hojas secas o enfermas así como las plantas que ya hayan dado fruto antes de que contraigan una infección. A principios de estación, deje que las patatas broten, siembre las zanahorias y el resto de las plantas tempranas, y fuerce a los fresales y la menta a que maduren. Más avanzado el invierno, realice las siembras en macetas y bandejas.

PRIMAVERA
Deje el revestimiento aislante tanto tiempo como sea preciso. Limpie los cristales para que entre el máximo de luz posible y, ya próximo el verano, proyecte sobre ellos algo de sombra. Ventile el interior durante los días más calurosos, pero cierre siempre a media tarde. Aumente la frecuencia de los riegos a medida que las plantas revivan. Plante los planteles tempranos y prosiga con las siembras aprovechando que los días son más largos. Despeje el interior trasladando las plantas más grandes a la cajonera fría. Plante tomateras y otras plantas estivales a medida que se aproxime el verano.

VERANO
Proyecte sobre los cristales el máximo de sombra posible y utilice papel de periódico para evitar que el sol queme las hojas de los planteles más tiernos. Ventile a voluntad, revise como mínimo una vez al día las necesidades de agua de las plantas y humedézcalas en los días de más calor. Vigile la aparición de plagas. Abone, guíe y polinice las plantas de verano.

OTOÑO
A medida que la temperatura descienda y las plantas entren en letargo, deje de humedecerlas y reduzca la frecuencia de los riegos de forma progresiva. Ventile el interior en los días de buen tiempo, pero tenga cuidado con el frío durante la noches. Revise la calefacción y los revestimientos aislantes. Deje que la luz entre por los cristales y fumigue como medida preventiva. Retire las plantas de verano conforme se agoten y siembre las hortalizas de invierno en bandejas o en el suelo. Tome esquejes y ponga en tiestos las hierbas para tener provisión en invierno.

Plantas de invernadero

Tomates en forma de pera «Super Roma»

El hecho de disponer de un lugar a resguardo de la intemperie, sobre todo de las primeras y últimas heladas, permite cultivar con éxito plantas que requieren un ambiente más cálido que el que tendrían al aire libre. En un invernadero se pueden cultivar plantas tales como fríjoles, lechugas de invierno y fresales fuera de la temporada que les es propia. En verano, cuatro hortalizas especialmente sensibles al frío se benefician del ambiente favorable de un invernadero: los tomates, los pepinos, los pimientos y las berenjenas.

TOMATE

Si bien son muchas las variedades de tomate que se pueden cultivar en el exterior en un buen año, las cosechas precoces más productivas suelen ser las que proceden de los invernaderos. Elija una variedad de interior que no tienda a crecer demasiado para así aprovechar al máximo el espacio disponible.

Cultivo

En el caso de que no compre las tomateras, siémbrelas a mediados del invierno si el invernadero dispone de calefacción, o bien a principios de la primavera si no la tiene; en ambos casos, la temperatura ambiente debe rondar los 18 °C. Siembre unas cuantas semillas en cada maceta y recúbralas con una capa de compost para trasplantarlas más tarde, o bien siembre un par de semillas en una maceta de 7,5 cm de diámetro y retire la planta más débil de las dos. Mantenga el

ambiente cálido y un grado de humedad uniforme, e introduzca la maceta en un bote de cristal invertido si es preciso. Trasplante las tomateras en cuanto aparezca el primer racimo de yemas de floración. Riegue y abone con regularidad, corte los brotes laterales de las variedades altas (en cordón o sin determinar) y sosténgalas con cañas o cordeles. Más tarde, despunte los tallos apicales dos hojas por encima del cuarto o quinto ramillete de flores. Recolecte los tomates cuando tengan buen color, y retire también las hojas amarillas que queden por debajo al mismo tiempo. Deshágase de los tallos viejos al final de la temporada.

PEPINO

Las variedades de pepino de interior necesitan temperaturas altas y un elevado grado de humedad para desarrollar una cosecha de calidad. Los pies femeninos resultan más fáciles de cultivar ya que con ellos no es necesario recoger diariamente las flores masculinas para evitar la fecundación, que provoca en los frutos cierto sabor amargo.

◁ LAS TOMATERAS
desarrollan un sistema de raíces considerable, de ahí que deban plantarse en cubetas o macetas de gran tamaño si se desea obtener una buena cosecha.

▷ LOS PEPINOS *que se cultivan bajo cristal son muy productivos.*

Cultivo

Adquiera las plantas a finales de la primavera o bien siembre las semillas de una en una a principios de esa misma estación y a 1 cm de profundidad en macetas de 7,5 cm de diámetro; la temperatura ambiente debe ser de 26 °C para que broten. Traslade las plantitas a macetas de 11 cm de diámetro y guíe el tallo

MÉTODOS DE CULTIVO BAJO CRISTAL

❖

MACETAS: para que resulte práctica, la maceta no debe tener menos de 23 cm de diámetro. Utilice un sustrato rico con base de tierra (John Innes n.º 3, por ejemplo).

SACOS DE TURBA: plante dos o tres tomateras o pepinos (tres en el caso de los pimientos o las berenjenas) por saco. Si desea aumentar la cosecha, utilice dos sacos, uno encima del otro, para que las raíces penetren más hondo (recorte el envoltorio de plástico de modo que los sacos queden unidos).

BORDES DEL SUELO: aplique una buena cantidad de compost o abono bien descompuesto antes de plantar, y renueve o esterilice el suelo cada año para evitar la propagación de las infecciones de un cultivo a los siguientes.

TUTORADO

❖

Guíe los pepinos y las diferentes variedades de tomatera de cordón por medio de unas cañas rectas o bien enrolle con cuidado los tallos alrededor de unos cordeles suspendidos del techo del invernadero. Si tan sólo posee unas pocas plantas, espácielas y deje que se desarrollen en cada una de ellas dos brotes laterales bajos, uno a cada lado, para disponer de más tallos que poder guiar en sentido vertical. Las tomateras bajas no requieren tutorado: utilice cañas cortas para sostener las ramas.

Berenjena «Asian Bride»

con las plantitas dicha temperatura debe rondar entre 12 y 15 ºC. Si es preciso, introdúzcalas en un bote de cristal invertido sobre un sustrato con base de tierra. Plante a finales de primavera, y riegue y abone con fertilizante para tomateras de forma periódica. Guíe los tallos principales con unas cañas o cordeles, y despunte los extremos de los pimientos cuando alcancen una altura de 38 cm. En cuanto a las guindillas, guíelas en cordón hasta una altura de 1,5 m. Recoja los frutos cuando adquieran un buen color.

BERENJENA
Esta popular hortaliza desarrolla unos frutos pesados y brillantes con un gran valor ornamental, que pueden ser de color púrpura, blanco o con franjas marrones y blancas. Cultive varias plantas juntas, pues cada una de ellas desarrollará tan sólo entre cuatro y cinco frutos grandes.

Cultivo
Cultívelas como si se tratase de pimientos, con una temperatura ambiente para el plantel de entre 15 y 18 ºC. Plántelas a mediados o finales de la primavera y guíe las plantas con cañas. Despunte los extremos de los tallos cuando alcancen una altura de 30 cm. Humedezca el invernadero con asiduidad durante la floración y, una vez se hayan desarrollado cinco frutos, elimine todos los brotes laterales así como las flores que queden. Abone con fertilizante para tomateras cada vez que riegue y recolecte los frutos cuando adquieran buen color y una apariencia lustrosa.

CONSEJOS PRÁCTICOS

TOMATE
○ El exceso de riego o de fertilizante así como la carencia de sol hacen que el fruto pierda sabor.
○ Utilice siempre un fertilizante para tomateras o rico en potasio, ya que el exceso de nitrógeno fomenta el desarrollo de las hojas en detrimento de los frutos.
○ Manténgase atento ante cualquier síntoma de plagas, como la mosca blanca, la araña roja o los áfidos.
○ Ayude a que las flores fructifiquen dando golpecitos a las cañas o cordeles, así como humedeciendo el ambiente durante los días calurosos y soleados.
○ Para que maduren los tomates verdes al final de la temporada, espárzalos en una caja donde haya una manzana o un plátano maduros.

PEPINO
○ Si lo planta en un borde, coloque las plantas sobre una base de tierra para que dispongan de un buen drenaje.
○ Los pepinos necesitan mucha más humedad que las tomateras, así que colóquelos en lugares separados dentro de un mismo invernadero.
○ No se descuide ningún pepino al realizar la recolección ya que, si alguno se vuelve amarillo, la planta tal vez no dé más frutos.
○ Utilice siempre sustrato, macetas y etiquetas limpias para evitar la aparición de enfermedades, y ventile si hace calor.

PIMIENTO
○ Compruebe que no haya áfidos, mosca blanca ni araña roja; pulverice si es preciso.
○ Si se recogen los pimientos cuando todavía estén algo verdes, la planta tenderá a desarrollar otros en su lugar, con lo que la cosecha aumentará.

BERENJENA
○ En lo posible, plante las berenjenas antes que los pepinos, ya que los frutos de las primeras tardan cinco meses en madurar.
○ Resguarde los ejemplares más tiernos de los cambios bruscos de temperatura, sobre todo durante las noches frías.

39

principal con una caña delgada. Mantenga el ambiente cálido y húmedo y, cuando las plantitas hayan desarrollado entre ocho y diez hojas, trasplántelas y tutórelas en sentido vertical como si fueran tomateras. Abone cada dos semanas y despunte el extremo del tallo principal cuando alcance el techo. Asimismo, despunte los brotes laterales dos hojas por encima de una flor femenina (guíese por el diminuto pepino de la base). Recoja los pepinos cuando hayan alcanzado el tamaño adecuado.

PIMIENTO
Tanto el pimiento como la guindilla se pueden cultivar como las tomateras, guiados mediante cañas o alambres de forma que queden bien estirados. Reserve unos cuantos frutos y séquelos en un lugar cálido para consumirlos en invierno.

Cultivo
Adquiera las plantas a finales de la primavera o siembre a principios de la misma estación como si fueran tomateras, con una temperatura ambiente de entre 20 y 25 ºC;

Ganar espacio con hortalizas enanas

El cultivo de coliflores y zanahorias enanas no más grandes que un dedo ilustra hasta qué punto cambian las cosas en el mundo de la horticultura. La tendencia hoy en día es sustituir las plantaciones en masa por otras a una escala mucho más reducida que permita obtener en una parcela de pequeñas dimensiones una gran variedad de hortalizas tan sabrosas como diminutas.

△ COMPARADAS CON *las exigentes coliflores de tamaño normal, las variedades enanas permiten obtener pellas para consumo individual de gran calidad a partir de una modesta porción de terreno.*

PENSAR EN PEQUEÑO

Los métodos básicos de cultivo son los mismos que con las hortalizas de tamaño normal, pero con una diferencia fundamental: las diferentes variedades que se cultivan están plantadas más próximas entre sí, con lo que hay una densidad mayor de plantas pequeñas que se recolectan cuando todavía son jóvenes.

Muchas maduran antes que sus parientes de tamaño normal, lo que en definitiva permite extraer más cosechas sucesivas de un mismo bancal. Este método resulta especialmente indicado para cultivar bancales pequeños, que acaban convirtiéndose en abigarrados macizos con múltiples variedades de hortaliza, cada una con su correspondiente ritmo de crecimiento.

PREPARACIÓN DEL TERRENO

La productividad total que se puede llegar a obtener al cabo de una temporada completa en un bancal cultivado con hortalizas diminutas es más que considerable, de ahí la importancia de contar con un suelo fértil. A la hora de preparar el terreno al inicio de la temporada, utilice una gran cantidad de compost de jardín o estiércol

HORTALIZAS ENANAS Y COSECHAS ENANAS

Es importante diferenciar entre las variedades normales (puerros, por ejemplo) que toleran cierta aglomeración y dan frutos más pequeños tras un período normal de maduración, y las hortalizas enanas (algunas lechugas, nabos y coles rizadas), que se cultivan muy juntas entre sí, alcanzan un tamaño más reducido de lo normal y suelen madurar antes. Hay, además, algunas variedades de tamaño reducido que se cultivan como sus equivalentes normales pero que dan unos frutos en miniatura, como es el caso del maíz enano, cierta clase de coles de Bruselas o las habas pequeñas a partir de semilla.

◁ CON SU PORTE *compacto y erguido, las variedades de lechuga enana, como estas «Little Gem», constituyen una opción perfecta para esquemas de plantación de gran densidad.*

TABLA DE ESPACIADOS Y TIEMPO DE CRECIMIENTO

VARIEDAD	ESPACIADO (en hileras)	ESPACIADO (entre hileras)	TIEMPO DE MADURACIÓN	TAMAÑO EN LA MADUREZ
Brécol calabrés «Trixie»	15 cm	15 cm	10–12 semanas	8–10 cm de diámetro
Chirivía «Gladiator»	8 cm	15 cm	20 semanas	2,5–5 cm de grosor
Col «Minicole», «Protovoy» (Savoy)	15 cm	15 cm	12–20 semanas	a partir de 8 cm de diámetro
Col rizada «Showbor»	15 cm	15 cm	14–16 semanas	30 cm de alto
Coliflor «Dominant», «Idol»	13 cm	15 cm	15 semanas	8 cm de diámetro
Colinabo «Logo»	2,5 cm	15 cm	10 semanas	4–5 cm de diámetro
Lechuga «Little Gem», «Tom Thumb»	15 cm	15 cm	8–12 semanas	15 cm de diámetro
Nabo «Tokyo Cross»	2,5 cm	15 cm	7–8 semanas	2,5–5 cm de diámetro
Patata «Rocket», «Swift»	25 cm	25 cm	12 semanas	5 cm de diámetro
Puerro «King Richard»	1 cm	15 cm	12–14 semanas	2 cm de grosor
Remolacha «Pronto»	2,5 cm	15 cm	12 semanas	5 cm de diámetro
Zanahorias de Amsterdam o Nantes	1 cm	15 cm	10–12 semanas	del grosor de un dedo

bien descompuesto, así como también al remover un bancal con el fin de prepararlo para la cosecha siguiente. No es preciso aplicar ningún fertilizante adicional, aunque un acolchado de compost alrededor de las plantitas contribuirá a su rápido crecimiento. Entierre dicho acolchado entre cultivo y cultivo para estabilizar el suelo y fertilizarlo.

PROGRAMA

Realice las primeras siembras bajo cristal y en macetas o módulos, y trasplante las plantitas al exterior protegidas bajo una campana o un plástico. Paralelamente, siembre otra tanda para obtener cosechas sucesivas y no dejar nunca sin cultivar el terreno, de manera que haya siempre una siembra a la espera para pasar al bancal. Plante o siembre (las chirivías deben sembrarse siempre) en hileras o bloques con muy poca separación entre las plantas (*véase* recuadro superior), situando

hortalizas de tamaños similares unas junto a las otras de manera que no se tapen entre sí. Mantenga el terreno húmedo para forzar un crecimiento rápido y continuado, imprescindible para obtener una buena cosecha.

QUÉ HORTALIZAS SE PUEDEN CULTIVAR

Son muchas las variedades normales que se pueden cultivar más próximas entre sí de lo habitual para obtener frutos más pequeños. Así, por ejemplo, las cebollas comunes desarrollan unos bulbos de tamaño medio con tan sólo 4 cm de separación entre plantas, las patatas pueden espaciarse a tan sólo 25 cm en ambas direcciones, y las variedades más esbeltas de zanahoria crecen sin problemas con una separación de 5 cm a ambos lados. Por otro lado, se han desarrollado ciertas variedades especiales de manera que los frutos sean pequeños aun después de madurar, y son precisamente

estas variedades las que mejores resultados dan cuando se dispone de poco espacio o sólo se desean cultivar unas pocas hortalizas. A la hora de recolectar, recoja los frutos de forma salteada y deje que el resto de las plantas continúe creciendo.

△ **LA ZANAHORIA REDONDEADA,** *que se puede sembrar y cultivar en ramilletes, desarrolla rápidamente y en espacios reducidos jugosas raíces pequeñas.*

Cultivo en macetas

En un patio, una terraza, un balcón o, de hecho, en cualquier espacio cerrado se pueden cosechar hortalizas cultivadas en macetas tan frescas y buenas como las que proceden del huerto. Desde manzanos y habichuelas en medios bidones a pequeños fresales y matas de perejil en macetas, el cultivo en recipientes aporta un toque decorativo al jardín al tiempo que permite obtener buenas cosechas.

HORTALIZAS

La mayoría de las hortalizas se pueden cultivar en macetas, como las patatas tempranas forzadas fuera de temporada o las habichuelas guiadas con unas cañas dispuestas en forma de tienda de campaña

◁ SIEMPRE Y CUANDO *se les proporcione algún tipo de soporte, las plantas altas, como las habichuelas o las tomateras, pueden cultivarse en macetas grandes y pesadas (rellenas con un sustrato con base de tierra) que sirvan de base estable.*

y rodeadas de berenjenas amarillas. Tanto los pepinos como los pimientos y las tomateras crecen bien en macetas de 30 cm colocadas junto a una pared cálida, sobre todo si bajo las macetas se coloca un saco de turba para que las raíces dispongan de espacio adicional. Con este sistema de plantación, se puede tener una hilera de tomateras junto a un invernadero o un cobertizo.

FRUTALES ARBUSTIVOS Y DE ARBOLITO

Plantado en una maceta de grandes dimensiones (38 cm o más), un frutal formado con arte, como un grosellero espinoso con forma de arbolito o un manzano llorón, puede convertirse en todo un punto focal del jardín. Los frutales más altos deben injertarse sobre portainjertos enanos para limitar su crecimiento, aunque ya existen diversas variedades enanas de melocotoneros y otros frutales. Incluso es posible conseguir un pomar diminuto con varios manzanos en cordón o en columna plantados en macetas. Las higueras, que poseen unas raíces vigorosas concebidas para

△ LAS FRESAS SILVESTRES, *gracias a su hábito rastrero y a su decorativa apariencia, dan excelentes resultados como macizo estival en una caja o una jardinera.*

soportar el peso de la copa, deben plantarse en medios bidones o recipientes aun mayores.

CULTIVO BÁSICO
Elección de las macetas

Cada planta debe contar con una maceta del tamaño adecuado. Algunas plantas de temporada, como la albahaca o la lechuga de hoja mantecosa, pueden cultivarse en macetas de entre 13 y 15 cm sin necesidad de cambiarlas, mientras que otras necesitan

---

ARÁNDANOS EN MACETAS

Los arándanos (*Vaccinium* spp.) detestan los suelos alcalinos y se deben cultivar en maceta si el suelo no es ácido por naturaleza. Crecen hasta formar arbustos de gran belleza, con pinceladas de color cobrizo y anaranjado en otoño. Plante cada arbusto (necesitará al menos dos para que se polinicen entre sí) en una maceta de grandes dimensiones con sustrato para ericáceas o sin cal, y riegue de forma periódica en verano con agua de lluvia. Tan pronto como las bayas empiecen a madurar, a finales del verano, coloque una red que mantenga a los pájaros alejados. Elimine alguno de los tallos más viejos en verano para que el arbusto madure y, en primavera, recórtelo por encima para darle cierta forma.

más espacio a medida que crecen. Tenga presente que una maceta demasiado pequeña limita el crecimiento de la planta, pero una demasiado grande puede provocar que las raíces se pudran ante una cantidad excesiva de tierra estancada. Las macetas más decorativas se pueden utilizar para plantar en ellas hortalizas diferentes a las habituales, como lechugas de hoja mantecosa o unas cuantas matas de tomillo. Asimismo, las macetas más grandes, como los medios barriles o las tinas, resultan ideales para albergar las hortalizas de mayores dimensiones así como los frutales (sobre portainjertos enanos en los casos en que sea preciso). Compruebe que todas las macetas y demás recipientes posean agujeros en la base que permitan un drenaje correcto.

Hábitos de crecimiento

Después de comprar una planta en maceta, extráigala con cuidado de esta última y, si las raíces dan vueltas alrededor del cepellón, plántela en una maceta algo mayor. Cubra la

▷ **LA HIGUERA** *crece bien en el espacio limitado de una maceta. Además, de esa manera se puede introducir en el interior durante el frío invierno.*

◁ **LA CANTIDAD** *de sustrato que hay en un saco es limitada, así que introduzca la maceta en otra mayor y coloque un segundo saco debajo del primero para que las raíces dispongan de más espacio.*

parte inferior de la misma con una generosa capa de drenaje (guijarros, trozos de macetas de arcilla o piedras trituradas) y rellénela a continuación con un buen sustrato para plantas de maceta, preferentemente con base de tierra; éste se puede mezclar con tierra del jardín, siempre y cuando esté limpia y sea fértil. Coloque las macetas allí donde las plantas reciban la luz, el calor y la protección que precisen. Tenga en cuenta que las macetas son elementos decorativos movibles y, como tales, se pueden cambiar de sitio de acuerdo con la estación o la fase de crecimiento de las plantas que alberguen.

La ventaja de cultivar plantas delicadas en maceta es que se pueden mover de un lado a otro siguiendo la dirección del sol o para evitar las heladas, tal como se hacía en Versalles con los limoneros, plantados en grandes recipientes cuadrangulares.

Las plantas que se cultivan en maceta requieren lógicamente una mayor frecuencia de riego y, por tanto, se deben revisar con regularidad. Si hace calor, el riego debe ser diario, pero durante el invierno o en lugares sombríos la frecuencia ha de ser algo menor. Cuando haya pasado más o menos un mes del trasplante a la maceta, empiece a abonar cada semana con un fertilizante equilibrado diluido en agua y gire de vez en cuando las macetas para forzar un crecimiento uniforme de la planta.

FRESALES PRIMERIZOS

Las variedades de fresales cultivados en maceta se pueden forzar para que den una cosecha temprana si se colocan en un lugar cálido y resguardado, además de la de otoño, esta vez en primavera. En verano, plante los estolones enraizados en macetas de 9 cm y téngalos en el exterior. A medida que crezcan, trasplántelos a macetas de 13 cm (una por ejemplar), o bien, en grupos, a macetas dispuestas unas encima de otras para ahorrar espacio. A finales del invierno, colóquelos bajo cristal para forzar su floración; tras la fructificación, sáquelos de nuevo al exterior y abónelos para la cosecha de otoño.

43

Frutales de baya

El verano no sería lo mismo sin los platos de frutas de baya recién recolectadas del jardín, calientes todavía por la acción del sol. Existe un gran surtido de variedades entre las que elegir, a cuál más sabrosa, y en la medida en que el espacio se lo permita podrá disfrutar de forma ininterrumpida de cosechas tempranas y tardías.

FRESAL

El fresal dura entre tres y cuatro años antes de tener que reemplazarlo por las jóvenes plántulas que se desarrollan en el extremo de unos estolones largos. En el caso de que los frutos sean fresones, trate la planta como si fuera una anual y propague ejemplares nuevos cada verano. Para ganar espacio, cultive el fresal como planta cobertora al pie de otros frutales o bien como borde del sendero.

Cultivo

Remueva y limpie el terreno a conciencia y aplique gran cantidad de estiércol bien descompuesto. Plante en verano dejando una separación entre mata y mata de 45 a 60 cm en ambas direcciones; elija un emplazamiento que quede a pleno sol pero a resguardo del viento frío. Coloque las plantas a la misma altura de como estaban y riéguelas bien. Acolche antes de que aparezcan los racimos de flores y, una vez hayan dado fruto, corte los tallos de forma que queden con tan sólo 5 cm, retire el acolchado de paja vieja y abone las plantas con un fertilizante universal.

Otras variedades de fresal

Las variedades de fresal perennes fructifican en verano y en otoño. Para que esta última cosecha sea de buena calidad, corte las primeras flores y, paralelamente, abone con un fertilizante universal. Los fresales de montaña, también perennes, dan unas fresas más pequeñas y rara vez desarrollan estolones o atraen el interés de los pájaros. Plántelos con una separación de 30 cm como borde decorativo junto a un sendero o bien en un arriate herbáceo.

FRAMBUESO

Las frambuesas se desarrollan a lo largo de unos tallos alargados que deben guiarse con estacas o alambres dispuestos en forma de valla. También cabe la posibilidad de cultivarlos en pequeños grupos atados a una estaca situada en el centro. Las variedades roja, amarilla y negra fructifican en verano u otoño.

Cultivo

Aplique abundante compost o estiércol bien descompuesto y, en otoño o a principios del invierno, espacie las plantas en grupos

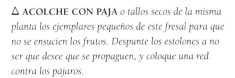

△ **ACOLCHE CON PAJA** *o tallos secos de la misma planta los ejemplares pequeños de este fresal para que no se ensucien los frutos. Despunte los estolones a no ser que desee que se propaguen, y coloque una red contra los pájaros.*

o hileras con una separación de 45 cm. Acorte los tallos más largos hasta dejarlos con 23 cm y, cuando aparezcan los brotes nuevos en primavera, retire del todo los tallos viejos cortándolos hasta el nivel del suelo. Abone con un abono universal o acolche con estiércol bien descompuesto cada primavera y guíe los tallos nuevos con una separación de unos 15 cm. Las variedades otoñales fructifican el mismo año, mientras que las estivales lo hacen al año siguiente. Corte a finales de invierno los tallos agotados que hayan fructificado en otoño al tiempo que se desarrollan otros nuevos desde el nivel del suelo. Asimismo, corte los tallos viejos de las variedades estivales después de la fructificación para dejar sitio a los tallos nuevos, que deberán guiarse.

GROSELLERO ESPINOSO

Sin duda alguna, se trata de uno de los frutales de baya más agradecidos, así como el primero en dar fruto, siempre y cuando se aclaren las bayas jóvenes, todavía sin madurar aunque igualmente comestibles. Existen cientos de variedades diferentes, con las clásicas bayas de color verde, rojo, amarillo o blanco, así como otras más

△ **LOS FRAMBUESOS** *son buenos en un jardín culinario y dan fruto cuando dejan de hacerlo los fresales.*

△ **LOS FRESALES** *se cultivan bien en maceta; se pueden colocar bajo cristal para forzarlos.*

◁ RECOJA LOS
RAMILLETES
enteros de grosellas
rojas y blancas. A
continuación, peine
los tallos con un
simple tenedor.

modernas y resistentes al mildiu o sin
espinas. Todas ellas pueden cultivarse
en cordón, abanico, arbolito o arbusto.

Cultivo

Busque un emplazamiento a pleno sol o con
algo de sombra en cualquier suelo bien
drenado, y plante en otoño o a principios
del invierno dejando una separación de
1,2 m en el caso de los ejemplares más
grandes y de 30 cm entre cordones. Aplique
cada primavera un fertilizante rico en
potasio y acolche con compost o estiércol
bien descompuesto. Riegue bien si el
tiempo es seco y empiece la recolecta desde
finales de la primavera en adelante. Recoja
las bayas de forma salteada y aclare los
ramilletes hasta dejar una sola; deje que
maduren las que quedan en la planta y
utilícelas para hacer postres con ellas. Pode
cuando ya no haya más bayas, cortando
todos los tallos leñosos secos o lastimados,
así como todas las ramas que se entrecrucen
en el centro (para los cordones y las
formaciones en arbolito, *véanse* páginas
siguientes).

GROSELLEROS ROJO Y BLANCO

Estas variedades de grosellero, poco
habituales en las tiendas, se cultivan sin
mayores problemas guiadas sobre muros y
vallas, donde no ocupan demasiado espacio.

Cultivo

Prepare el terreno y plántelos como si fueran
grosselleros espinosos. Recoja los ramilletes
enteros de grosellas cuando estén
completamente maduras. Estas últimas se
desarrollan en unos espolones cortos y
permanentes, así que pode para obtener
con las ramas una estructura abierta y
equilibrada. En verano, acorte los vástagos
laterales hasta dejar sólo cuatro o cinco
hojas, y en invierno deje dos yemas.

ZARZAMORAS Y OTRAS ZARZAS

❖

Las zarzamoras sin espinas, los frambuesos
norteamericanos y otros frutales de baya
híbridos constituyen una excelente opción
a la hora de llenar un espacio junto a una
valla o un muro. Dan una gran cantidad de
frutos y se guían por medio de alambres
dispuestos en sentido horizontal. Cada año,
después de la fructificación, corte los tallos
viejos para dejar sitio a los nuevos.

GROSELLERO NEGRO

Existen ciertas variedades compactas para
jardines pequeños, si bien la mayoría se
desarrollan hasta formar arbustos de grandes
dimensiones. Un solo ejemplar adulto
puede llegar a producir entre 5 y 7 kg
de grosellas. Son plantas que gustan de
un abonado generoso, así como de un
emplazamiento cálido y a resguardo de
las heladas y el viento frío.

Cultivo

Remueva y abone el suelo a conciencia y,
en otoño o invierno, plante varios arbustos
de dos años de edad y libres de virus, con
una separación entre sí de 1,2 m y unos
5 a 8 cm más hondos de como estaban
hasta entonces. Corte todos los tallos hasta
dejarlos con 5 cm y, cada primavera,
aplique un fertilizante universal y acolche
con una generosa capa de estiércol bien
descompuesto de 8 cm de grosor.
Transcurridos dos años, pode cada invierno.
Corte una tercera parte de las ramas más
viejas y oscuras para dejar sitio a los tallos
nuevos, más vigorosos.

CONSEJOS PRÁCTICOS

FRESAL
○ Compre ejemplares con garantía y propague
tan sólo a partir de plantas sanas.
○ Se puede cultivar con un plástico negro en
la base que impida la aparición de malas
hierbas y, al mismo tiempo, reduzca la
necesidad de riego.
○ Recoja todas las fresas lastimadas o pasadas
para evitar la aparición de enfermedades,
sobre todo con la humedad del verano.
○ Si necesita plantas nuevas, deje que
enraicen los estolones más robustos
directamente en el suelo o bien trasplante
las mejores plántulas a macetas.

FRAMBUESO
○ Entierre las plantas nuevas un poco más
profundas que como estaban hasta entonces
y apisone bien el suelo de la base.
○ Riegue en abundancia cuando el tiempo sea
seco, sobre todo durante la floración y la
fructificación.
○ Arranque los tallos que se desarrollen
más allá de 20 cm a partir de las hileras.
○ Propague a partir de los chupones que se
desarrollen a cierta distancia de la planta
principal.

GROSELLERO ESPINOSO
○ Elija ejemplares que posean un único tallo
bien definido para facilitar el laboreo del
suelo.
○ Pode los arbustos de forma que queden los
centros abiertos para facilitar la recolección
y evitar el mildiu.
○ No riegue en plena fase de maduración de
las grosellas ya que la piel de las mismas
podría estropearse.

GROSELLEROS ROJO Y BLANCO
○ En ambos casos, pueden cultivarse tanto
a pleno sol como en zonas en sombra para
así alargar varias semanas la cosecha.
○ Compruebe que el suelo esté bien drenado
y acólchelo para conservar la humedad.
○ Coloque una red contra los pájaros, ya que
sienten debilidad por este tipo de grosellas.

GROSELLERO NEGRO
○ Los virus suelen provocar que la cosecha
mengüe, así que plante ejemplares nuevos
cada ocho o diez años.
○ Las mejores grosellas son las de los tallos
tiernos, así que abone en cantidad para que
broten nuevos tallos.
○ Espere a que las grosellas de un ramillete
estén maduras antes de recogerlas.

45

Árboles frutales

Siempre que las dimensiones del jardín se lo permitan, incluya un árbol frutal ya que, además de frutos, obtendrá un elemento decorativo de primer orden. La mayoría puede guiarse para obtener formas originales con el fin de crear cortavientos, divisiones o simples puntos focales, sobre todo si usa portainjertos enanos.

Manzanas almacenadas

MANZANO

Probablemente el más extendido de todos los árboles frutales, el manzano es además el más fácil de cultivar, siempre y cuando se elija una variedad regional que se adapte a las características de la zona y al tipo de suelo empleado. Allí donde el espacio lo permita, cultive al menos dos variedades que florezcan al mismo tiempo para facilitar el proceso de polinización.

Cultivo

Remueva y abone el terreno a fondo y compruebe que drene bien. Plante un ejemplar con las raíces desnudas mientras esté en letargo o bien un ejemplar cultivado en maceta, siempre que el suelo esté preparado para ello. Excave un hoyo lo bastante grande como para que quepa el cepellón con holgura y entierre este último a la misma profundidad a la que se encontraba hasta entonces. Después, sujete el tronco con una estaca o cualquier otro tipo de soporte. Una vez plantado, aplique cada primavera una capa de acolchado de estiércol bien descompuesto de 5 cm de grosor alrededor de la base del árbol, o bien abone con un fertilizante universal (70 g por m²). Mantenga el terreno libre de malas hierbas y riegue los ejemplares jóvenes cada diez o catorce días cuando el tiempo sea seco. Los brotes de fructificación se suelen aclarar de forma espontánea a principios del verano, pero en caso de que quede algún ramillete, éste debe aclararse hasta dejar una o dos manzanas. Recoja éstas tan pronto como se puedan retirar de las ramas sin problemas. Las variedades tempranas se deben consumir en cuanto

◁ ESTE MANZANO *«James Grieve», podado en forma de arbolito y convertido en un punto focal en mitad del césped, demuestra la versatilidad de este árbol frutal.*

maduren, mientras que las tardías se pueden guardar en cajas o bolsas de polietileno agujereadas en un sitio templado y resguardado de las heladas.

PERAL

El peral gusta de emplazamientos más cálidos que el manzano, si bien es capaz de prosperar en suelos más pobres. Dado que florece unas cuantas semanas antes, evite los emplazamientos demasiado fríos o bien guíelo sobre un muro cálido. La mayoría de las variedades requieren un segundo ejemplar en las proximidades para polinizarse.

Cultivo

Prepare el terreno y plante el peral como si se tratase de un manzano. Riéguelo hacia la primavera con un abono rico en potasio (105 g por m²) y acólchelo con estiércol bien fermentado. Aclárelo hacia principios del verano, tal como se describe a propósito del manzano. Empiece a recoger las peras tan pronto como las primeras variedades ganen color, y compruebe que se arrancan de las ramas sin problemas. La mayoría de las variedades de pera deben guardarse durante unas semanas hasta que acaben de madurar; para comprobar si están en su punto, presione con suavidad el extremo del tallo.

CIRUELO Y CIRUELO CLAUDIA

Si la primavera ha sido suave, tanto el ciruelo como el ciruelo claudia acostumbran a obsequiarnos con abundantes frutos tiernos y carnosos, aunque son muy vulnerables a las heladas tardías. Las mejores variedades dan unos frutos dulces y tiernos, sobre todo el claudia, que debe ocupar el emplazamiento más cálido, preferentemente junto a un muro soleado. El ciruelo damasceno, en cambio, es mucho más resistente y se puede cultivar como seto o cortavientos.

Cultivo

Téngalos en un emplazamiento a pleno sol y resguardado de las heladas. Para la preparación del terreno, la plantación y el cultivo, actúe como si se tratase de un manzano y abone con un fertilizante rico en nitrógeno cada primavera. Tras el aclarado espontáneo de mediados del verano, aclare los frutos y proporcione algún tipo de soporte a las ramas inclinadas por el peso para que no se rompan. Recoja los frutos cuando puedan arrancarse de la rama sin dificultad y con el rabillo entero. Sobre todo, hágalo antes de las lluvias intensas, ya que éstas pueden provocar que los frutos maduren demasiado y se estropeen. Consúmalos de inmediato y congele o haga confitura con los que sobren.

CEREZO

Las variedades de fruto dulce dan muy buen resultado, pero es preciso protegerlas de los pájaros; las de fruto ácido, en cambio, no gozan de tanta predilección entre las aves y se pueden cultivar sin problemas en jardines sombríos. Las técnicas de poda difieren de una variedad a otra. En el caso de que sólo vaya a disponer de un ejemplar, elija uno que se haya injertado en un portainjertos enano y pueda autopolinizarse.

Cultivo

Para la preparación del suelo, la plantación y el cultivo, proceda como si se tratase de un manzano. Aplique abundante compost o estiércol si el suelo es ligero, y coloque las variedades dulces en un emplazamiento

MELOCOTONERO, NECTARINO Y ALBARICOQUERO

Estas especies florecen muy pronto y prosperan tan sólo donde no hay riesgo de heladas durante la primavera y los veranos son cálidos y soleados. Intente cultivar un ejemplar en el invernadero o junto a un muro soleado, donde quede resguardado, y coloque un plástico de polietileno que lo proteja de las heladas, así como de la enfermedad que hace que las hojas se abarquillen. Para que los frutos alcancen un buen tamaño, aclare rigurosamente para que haya una distancia de 15 cm. Aunque se autopolinizan, polinícelos a mano si el tiempo es frío.

soleado, a pleno sol o con algo de sombra en el caso de las ácidas. No es preciso aclarar los frutos. Recolecte tan pronto como maduren las cerezas, antes de que se estropeen, y arránquelas o córtelas con el rabillo incluido. Consúmalas de inmediato y congele o haga las que sobren en confitura.

◁ LA MAYORÍA *de las variedades de peral gustan del calor y el sol estival. Si el jardín es frío y desea obtener una buena cosecha, disponga el peral en forma de abanico sobre un muro soleado.*

CONSEJOS PRÁCTICOS

MANZANO
- El mejor remedio contra las enfermedades es elegir variedades resistentes a las mismas en lugar de intentar tratarlas una vez ya han aparecido.
- Sujete las ramas que se curven por el peso de los frutos para que no se rompan.
- Cultive hierba en la base de los árboles vigorosos y bien arraigados para limitar su crecimiento.
- Si se cultivan ejemplares sueltos en cordón, se puede llegar a contar con toda una colección de variedades de manzano en un espacio reducido.

PERAL
- Recoja los frutos tiernos que caen antes de hora, ya que suelen albergar plagas.
- Es fundamental un buen drenaje del suelo, si bien el peral resiste peor la sequía que el manzano.
- Las peras no suelen madurar todas a un mismo tiempo, por lo que es preciso recogerlas en tandas sucesivas.
- La pera no tiene que madurar tanto como la manzana. Además, el peral soporta mejor la poda drástica.

CIRUELO Y CIRUELO CLAUDIA
- Incluso de las variedades autofértiles se obtienen mejores cosechas si en las proximidades se encuentra algún otro ejemplar compatible que florezca por las mismas fechas.
- Pode sólo cuando el árbol esté en plena fase de crecimiento, ya que entonces las heridas sanan más rápido.
- Guíelos en forma de abanico, no en cordón ni en espaldera.
- Vale la pena tener en cuenta la variedad «Pixie», injertada en un portainjertos enano.

CEREZO
- Pode en plena etapa de crecimiento para evitar la aparición de enfermedades.
- Riegue a menudo y en cantidad si el tiempo es seco, sobre todo en el caso de los árboles guiados en un muro.

POLINIZACIÓN
- En caso de que sólo pueda cultivar un único ejemplar, elija una variedad autofértil.
- La mayoría de las variedades, incluidas las autofértiles, dan mejores resultados si cuentan en las proximidades con un ejemplar de otra variedad que florezca al mismo tiempo y, en el caso de los ciruelos y los cerezos, de un grupo compatible.

47

Poda y formación de frutales

Aunque no se poden ni se guíen, la mayoría de los frutales de baya y árboles frutales dan frutos en mayor o menor medida a lo largo de estaciones sucesivas. La poda y la formación son dos herramientas válidas para controlar su crecimiento ya que no sólo ayudan a que crezcan más sanos, sino que permiten obtener cosechas más abundantes y de mejor calidad.

△ **LOS PERALES FORMADOS** *en cordón permiten aprovechar al máximo un muro o una valla, al tiempo que posibilitan la presencia de variedades diferentes para la polinización.*

DEFINICIONES

Poda Implica eliminar todos los tallos que sobran o están mal dirigidos, en parte para mantener un tamaño determinado, pero también para estimular el desarrollo posterior con una finalidad concreta, como pueda ser un cambio de dirección o simplemente estimular la aparición de frutos en vez de follaje.

Formación Técnica complementaria de la poda que consiste en guiar el crecimiento de la planta de la manera que mejor se adecue a sus características y su emplazamiento, siempre con la finalidad de mejorar su aspecto y su rendimiento. Dado que en realidad se utilizan los mismos principios básicos para las diferentes técnicas de formación (*véase* a continuación), en la práctica lo que determina la forma definitiva de la planta es el modo en que se apliquen dichos principios.

TALLO BAJO

Se trata de una forma tan productiva como fácil de conseguir y mantener, si bien puede ocupar demasiado espacio en caso de jardines pequeños. Tanto la formación en arbolito como en medio tallo se basan en esta forma de tallo bajo, ya sea con uno o varios tallos rectos de alturas diferentes. Un árbol joven formado en tallo bajo debería tener de tres a cinco ramas principales, que se desarrollan cuando se poda el tallo principal de un árbol de un año nada más plantarlo. En invierno, acorte a la mitad dichas ramas para que se desarrollen otras secundarias. En el siguiente verano, seleccione los siete u ocho mejores tallos y déjelos como ramas permanentes después de reducirlas de nuevo a la mitad. Cada invierno abra un poco estas ramas y acorte los vástagos laterales hasta dejarles de tres a cinco yemas para que, de ese modo, se mantenga la forma deseada.

CORDÓN

Un cordón es un simple manzano, peral, grosellero espinoso o grosellero rojo con un único tallo erguido o formando un ángulo de 45º. Las formaciones en cordón múltiple poseen dos o más tallos paralelos, cada uno de los cuales se ha conducido y podado de idéntica manera. Sujete la guía (tallo principal) con una caña gruesa o una estaca, y no la pode hasta que alcance la altura deseada; pódela entonces como lo haría en el caso de los vástagos laterales nuevos. A mediados del verano, acorte estos últimos hasta dejarlos con cuatro

48

△ **LOS CEREZOS** *de fruta ácida, como este «Morello», dan buenos resultados formados en abanico sobre un muro.*

PORTAINJERTOS

La mayoría de los árboles frutales se suelen injertar sobre portainjertos de vigor perfectamente conocido, con lo que se puede predecir el tamaño del árbol resultante. Ello implica reducir las labores de poda para conseguir una forma determinada a la vez que ayuda a los árboles a aclimatarse a las condiciones peculiares de un suelo determinado. Cada frutal cuenta con sus propios portainjertos, que van desde los más vigorosos a los más enanos. Los nombres y los tipos varían de un país a otro, de modo que consulte un buen catálogo con objeto de asegurarse de que elige una variedad apta para el lugar y la región en que se encuentre.

△ **LAS ESPALDERAS** *no sólo permiten ahorrar espacio, sino que además posibilitan el cultivo de ciertos árboles frutales, como los manzanos, en bancales estrechos o junto a senderos.*

CONSEJOS PARA LA PODA

Para mantener despejado el centro de los arbustos con forma de copa, elimine las ramas que crezcan hacia dentro.

Si se trata de un frutal guiado sobre un muro, corte los tallos que crezcan hacia fuera o hacia dentro del muro antes de que se hagan demasiado grandes.

La formación en cordón, abanico y espaldera no da buenos resultados con los manzanos que florecen en los extremos de los tallos.

Utilice siempre herramientas bien afiladas y piénseselo dos veces antes de cortar un tallo. Cuando lo haga, realice el corte junto a una yema que mire en la dirección hacia donde deba crecer el futuro tallo.

Sujete los frutales con estacas gruesas y, si se presta, con alambres. Revise las ataduras de forma periódica.

o cinco hojas, y pódelos en los inviernos sucesivos de modo que sólo queden una o dos yemas.

ESPALDERA

En esta versión, los árboles poseen un único tallo principal erecto así como pares sucesivos de ramas rectas (o brazos) dispuestas en fila y separadas entre sí de 38 a 45 cm, en direcciones opuestas a los alambres, colocados en sentido horizontal. La mayoría de las espalderas cuentan con dos, tres o cuatro pares de brazos, si bien la variante de crecimiento más bajo, conocida como «cordón horizontal», posee un solo par a unos 38 cm por encima del nivel del suelo.

Para iniciar una espaldera, plante un ejemplar de tan sólo un año y corte su tallo justo por debajo del alambre inferior. De los diferentes vástagos que se desarrollen a continuación, guíe el de más arriba en sentido vertical, y los otros dos que se encuentran a ambos lados con un ángulo de 45°. Al invierno siguiente, baje estas dos ramas laterales hasta el alambre inferior y átelos firmemente. A su vez, corte el tallo principal justo por debajo del alambre inmediatamente superior. Repita cada año la operación hasta alcanzar el alambre superior. Llegados a ese punto, guíe y pode cada uno de los brazos laterales en formación de cordón.

ABANICO

Ésta es una forma decorativa ideal para una gran cantidad de frutales, si bien donde más se utiliza es con ciruelos, melocotoneros y cerezos. Inicie la formación como si se tratase de una espaldera, pero deje las dos primeras ramas laterales atadas de modo que formen entre sí un ángulo, y acórtelas a finales del invierno hasta dejarlas con 45 cm. Durante el verano, ate los cuatro o cinco vástagos más robustos que se desarrollen en

PODA DE VERANO E INVIERNO

La poda a mediados y finales del verano sienta muy bien a cualquier frutal que presente alguna modalidad de formación restrictiva, como las de cordón, abanico y espaldera, ya que se canaliza su potencial de crecimiento hacia el desarrollo de espolones y yemas de fructificación, con lo que se obtiene un mayor rendimiento de la planta. La poda de invierno es aconsejable para cualquier tipo de frutal y tiene por objeto eliminar los tallos secos y enfermos, y controlar el tamaño y la forma de la planta. Para que las heridas no se conviertan en foco de enfermedades, algunos frutales, como ciruelos, cerezos y melocotoneros, se podan a principios de la primavera, cuando empieza el desarrollo de los brotes.

cada brazo y extiéndalos como si fueran las varillas de un abanico. Más tarde, en el invierno siguiente, redúzcalos una tercera parte para que desarrollen más ramas laterales con que acabar de crear el esqueleto de la estructura.

Los vástagos laterales que fructifican saldrán de estas ramas y deberán podarse de acuerdo con el tipo de frutal de que se trate. En el caso de los manzanos, los perales y los cerezos dulces, proceda de idéntica manera formando unos espolones permanentes (*véase* Cordón, página anterior). Por lo que se refiere a los ciruelos, los melocotoneros y los cerezos ácidos, corte los vástagos laterales después de la fructificación para dejar espacio a los vástagos nuevos.

Diseño de un jardín de hierbas

Tanto si se limita a cultivar unas pocas hierbas de entre las más conocidas como si las intenta cultivar todas, el hecho es que las hierbas aromáticas resultan imprescindibles en cualquier jardín culinario. Cada una aporta su inconfundible aroma y hermosura allí donde se encuentra, al tiempo que, recién recolectadas del jardín, enriquecen con su maravilloso sabor nuestros platos y ensaladas.

UBICACIÓN

Para obtener los mejores resultados, elija un emplazamiento a pleno sol y resguardado del viento frío y seco. Es importante contar con un buen acceso a él; de hecho, lo ideal para un arriate de hierbas de pequeñas dimensiones sería un lugar cerca de la puerta de la cocina. Con sus ordenados arriates, sus senderos y, tal vez, un banco, los jardines de hierbas grandes y bien cuidados poseen un gran potencial decorativo. Un arriate de 1,2 m por 1,8 m dispone de espacio suficiente para cultivar en él las hierbas más importantes (perejil, tomillo, salvia, orégano y laurel), además de menta, cebollino y estragón. Disponga las plantas más altas en el centro del mismo o bien en la parte posterior. Si el espacio es limitado, cultive unas cuantas hierbas en macetas en un patio o un balcón soleado.

Los jardines de hierbas de grandes dimensiones deben diseñarse sobre papel, así que antes de nada dibuje un plano a escala. Decida qué forma desea conferirle (recuerde que la simplicidad es todo un arte) y no se olvide de los senderos. Los arriates con formas circulares o rectangulares introducen cierto sentido del orden a partir de las formas heterogéneas de las propias plantas, si bien un diseño más relajado de estilo campestre es una opción igualmente válida. Elija las hierbas que conozca con anterioridad y suela utilizar, y añada otras nuevas si el espacio se lo permite.

PREPARACIÓN Y CUIDADOS

Marque sobre el terreno el diseño que haya pensado. Remueva a conciencia la tierra y aplique con generosidad compost de jardín. Si el suelo es pesado, añada grava o arena para mejorar su capacidad de drenaje. Trabaje el suelo para eliminar las malas hierbas perennes, ya que luego costarían mucho más de erradicar. Delimite los arriates con ladrillos, baldosas o tablones, y recubra los senderos con corteza, grava o cualquier otra superficie resistente que crea conveniente.

◁ **EN ESTE JARDÍN DE HIERBAS** *basado en macetas, los diferentes arriates plantados con tomillo plateado, salvia púrpura, orégano y laurel giran en torno a una maceta de melisa variegada.*

 EL JARDÍN DEBE
*ubicarse en un lugar
soleado. El de la fotografía,
recién plantado, se
encuentra protegido por
un muro y se compone de
varios arriates cuadrados
bordeados con madera
y unos cuantos senderos
recubiertos con corteza.*

Siembre o plante las hierbas nuevas en primavera, si bien las que se hayan cultivado en maceta se pueden introducir en cualquier época del año. Coloque en primer lugar las hierbas perennes, que es sobre las que descansará el marco estable del jardín, y pase entonces a las anuales y las bienales, que deben ir intercaladas entre las primeras para lograr cierto equilibrio de formas y tamaños. Reserve para las hierbas de especial interés un enclave privilegiado, como por ejemplo un lugar soleado en el caso de las que posean un follaje plateado o grisáceo, o bien junto a un sendero en el caso del romero o la salvia, de manera que desprendan su inconfundible perfume al rozar sus hojas. Una vez plantadas, riéguelas y, si el suelo es ligero, acolche con compost o corteza (grava o piedrecillas si es pesado para así mejorar el drenaje).

Las hierbas de hoja requieren un riego periódico, todo lo contrario que las perennes de tallos leñosos o las plantas que tienen semillas. Recorte las perennes una vez al año, tras la floración, y, llegado el verano, recorte hierbas como la menta para estimular el desarrollo de follaje nuevo. A finales del otoño corte y elimine todos los tallos y hojas secas.

HIERBAS INVASIVAS

Algunas hierbas, como el estragón y la mayoría de las variedades de menta, se propagan con enorme rapidez por medio de estolones subterráneos, con lo que, a menos que se limite su crecimiento, pueden llegar a representar una amenaza para las plantas circundantes. Para evitarlo, rodéelas con una serie de láminas de pizarra dispuestas de forma vertical, o bien plántelas dentro de un cubo sin fondo de manera que recoja el cepellón bajo tierra. Puede plantar la hierba en una bolsa de plástico grande con la base perforada y rellena de tierra de forma que quede enterrada.

APLICACIONES ESPECIALES

Las hierbas pueden emplearse como elementos ornamentales en cualquier jardín. El laurel dulce se puede formar como una planta escultural a la vez que como árbol ornamental, mientras que el romero, plantado en varias matas muy juntas entre sí, permite conseguir borduras de lo más clásicas. Sírvase de hierbas de porte cobertor, como el orégano, el tomillo y el poleo, para crear bordes, o bien plántelas en las intersecciones de los senderos.

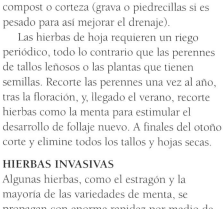

▽ **MUCHAS HIERBAS** *poseen un hábito rastrero
o arbustivo, y a veces sobrepasan de manera informal
los bordes de los arriates. Aquí, una mata de perejil
suaviza las líneas rectas de las baldosas.*

CULTIVO EN MACETAS

❖

La mayoría de las hierbas aromáticas crecen bien en maceta. Las más pequeñas, como el perejil, el perifollo, el tomillo común y la ajedrea, se pueden cultivar en macetas en alféizares, cestos colgantes o decorativos recipientes con pie. Utilice un buen sustrato multiuso, vigile periódicamente el riego y abone una vez por semana durante la estación de crecimiento.

RECOLECCIÓN

La recolección periódica de las hierbas aromáticas contribuye a controlar su tamaño y forma, así que no tema tomar hojas o ramitas a medida que las necesite. Si las piensa secar, congelar o almacenar en cualquier otra modalidad de conservación, recoléctelas una mañana que haga sol durante la fase de floración o justo antes de la misma, que es cuando tienen más sabor. Extienda o cuelgue las ramitas en un lugar cálido y sombreado, o congélelas de inmediato.

51

Hierbas aromáticas

De entre las hierbas aromáticas, cinco son las que destacan por encima del resto al condimentar los platos: el laurel, el orégano, el perejil, la salvia y el tomillo. Todas ellas son plantas fáciles de cultivar y constituyen la esencia de cualquier arriate de hierbas aromáticas.

▽ **LA SALVIA** *de hojas de color púrpura, la angélica y el hinojo, con sus hojas diminutas de color bronce, se combinan con plantas decorativas, como la alquimila, el cebollino común, el lirio y el cantueso.*

LAUREL (*Laurus nobilis*)
Este árbol perennifolio de origen mediterráneo puede alcanzar los 6 m de altura y posee unas hojas firmes y lustrosas. Se suele cultivar como un simple arbusto o modelado con formas escultóricas, como la de arbolito. Resulta algo sensible a las heladas, sobre todo en el caso de los ejemplares jóvenes, de ahí que, en zonas frías, se suela cultivar en maceta y poner a cubierto durante el invierno.

Cultívelo en un suelo bien drenado o con sustrato para macetas con base de tierra, en un enclave a pleno sol pero a cubierto del viento frío. No es preciso abonar, y gusta de algún riego esporádico cuando el tiempo es seco. Recórtelo para modelarlo a principios del verano y, de nuevo, en otoño para acabar de darle una forma escultórica. Para propagarlo, tome esquejes de los vástagos laterales con un trozo de tallo leñoso.

Arranque las hojas siempre que las necesite y consúmalas de inmediato o bien séquelas en completa oscuridad.

ORÉGANO, MEJORANA (*Origanum*)
Esta hierba aromática, sumamente decorativa, alcanza hasta 60 cm de altura y hace gala de una gran resistencia, siempre y cuando se cultive a pleno sol y en un suelo bien drenado. La mejorana perenne (*O. onites*) es muy resistente y posee un sabor más suave que la mejorana dulce (*O. majorana*). A su vez, el orégano (*O. vulgare*) destaca por lo intenso de su aroma y está disponible en una gran variedad de formas ornamentales.

Cultívelo en un suelo seco y cálido, y encálelo si es ácido. Realice una poda drástica a finales del otoño y arranque una o dos matas de modo que le duren todo el invierno. Para propagarlo, siembre a principios de la primavera bajo cristal, divida la mata en primavera u otoño, o bien tome esquejes en verano.

Recolecte las hojas frescas durante todo el año o, si lo prefiere, corte unos cuantos tallos antes de la floración y déjelos secar en un lugar oscuro.

△ **LAS JARDINERAS** *permiten crear magníficos jardines de hierbas aromáticas en miniatura y, de ese modo, disponer de una nada desdeñable provisión de salvia, tomillo y romero.*

△ **EL LAUREL** *se suele cultivar por lo general en macetas de barro, donde se modelan los ejemplares jóvenes para convertirlos en elementos decorativos del jardín.*

Orégano (Origanum vulgare «Gold Tip»)

Perejil (Petroselinum crispum)

Tomillo de hoja dorada y variegado

PEREJIL (*Petroselinum crispum*)
Las variedades comunes de perejil de hoja estrecha forman densas matas de hasta 30 cm de altura, sumamente decorativas, que, si bien son bienales, se suelen renovar cada año. A su vez, las variedades de hoja ancha poseen un sabor más intenso y pueden llegar a los 60 cm de altura.

Cultívelo a partir de semillas, que debe sembrar en un suelo rico y húmedo en el exterior a finales de la primavera y, de nuevo, a finales del verano para el cultivo forzado invernal. Tenga presente que las semillas tardan en germinar. Aclare las plantitas de 15 a 23 cm entre ejemplares y mantenga siempre la tierra bien húmeda. Las siembras más tempranas tal vez haya que tenerlas en macetas bajo cristal. Trasplante unas cuantas plantitas de finales del verano a macetas o bien a un borde del invernadero durante el invierno. Arranque las hojas a medida que las consuma y, antes de que la planta florezca, córtela toda y congélela dentro de una bolsa de plástico o en cubitos de hielo.

SALVIA (*Salvia officinalis*)
Se trata de un arbusto con un elegante porte y un follaje de tonos suaves, ideal tanto en un arriate de flores junto a la casa como en un jardín de hierbas aromáticas. Resulta fácil de cultivar, pero también se resiente de un exceso de humedad en invierno, así que, en caso de que el suelo sea pesado, añádale una buena cantidad de arena antes de plantar. La salvia de hoja ancha (*S. rutilans*) es algo más delicada, por lo que es mejor cultivarla

bajo cristal para que desarrolle en invierno sus peculiares flores escarlatas.

Cultívela en un suelo fértil y bien drenado, en un enclave a pleno sol y a resguardo del viento frío. Despúntela cada año, tras la floración, para modelarla, y renueve las plantas que tengan cuatro o cinco años antes de que se vuelvan demasiado leñosas.

Las variedades de color verde liso se propagan a partir de semillas, las cuales se deben sembrar en primavera al aire libre, y el resto, a partir de esquejes de 8 cm tomados en verano de los vástagos laterales (corte éstos de manera que vaya con ellos un trozo de tallo leñoso).

Las hojas y los extremos de los tallos se pueden recoger a medida que se necesiten y, si los piensa dejar secar, córtelos antes de la floración y guárdelos en un sitio cálido.

TOMILLO (*Thymus*)
Existen diversas variedades de tomillo, cada una con una aplicación concreta. Así, el tomillo común de porte erecto (*T. vulgaris*) es tal vez la variedad más adecuada para la cocina, mientras que las múltiples variantes de tomillo silvestre de porte rastrero (*T. serpyllum*) resultan ideales para crear márgenes o cultivar entre baldosas, así como en macetas y cualquier otro tipo de recipiente.

Cultívelo a pleno sol, en un suelo seco, poco fértil y que drene bien; si éste es pesado, añada un poco de arena para facilitar el drenaje. Recorte las plantas varias veces durante la primavera y el verano, sobre todo inmediatamente después de la floración, para que las matas crezcan densas y con buena

forma, y reemplácelas al cabo de cuatro o cinco años. El tomillo se propaga en primavera por semillas o división de la mata, así como por esquejes tomados de vástagos laterales en verano y mediante acodo en otoño.

Recoja las hojas y los extremos de los tallos conforme los necesita para su consumo; si piensa secarlo, espere a que las flores se abran.

CONSEJOS PRÁCTICOS

• En regiones frías, el laurel de hoja estrecha (*L. nobilis* f. *angustifolia*) es algo más resistente que la variedad común.

• El orégano es una planta ideal para márgenes, cruces de senderos y cestos colgantes.

• A veces, las semillas del perejil no llegan a germinar nunca por falta de agua. Para evitar que ocurra esto, déjelas en agua templada toda una noche y mantenga el suelo bien húmedo hasta que aparezcan las plántulas.

• Plantadas en macetas, las variedades roja, púrpura y dorada de salvia resultan muy atractivas, pero son menos resistentes que las de color verde liso.

• Plante las variedades de tomillo de porte erguido con una separación de 10 a 15 cm entre matas y recórtelas de forma periódica para crear con ellas un seto enano que rodee un pequeño arriate de hierbas aromáticas.

Otras hierbas aromáticas

Un arriate de hierbas aromáticas algo más grande podría albergar cualquiera de estas otras hierbas de uso corriente que se presentan a continuación, todas ellas fáciles de cultivar y de inconfundible sabor. Explore las sutiles diferencias aromáticas que existen entre estas variedades, y para ello cultívelas primero en macetas, al menos hasta que se haya familiarizado con ellas.

△ **EXISTEN DIVERSAS** *variedades de albahaca, todas ellas atractivas y con un inconfundible sabor. Además de la albahaca dulce y de la arbustiva, hay otras variedades menos conocidas, como la de canela o la «Green Ruffles».*

54

ALBAHACA (*Ocimum basilicum*)
Esta delicada hierba anual se encuentra disponible en una amplia gama de colores, formas y fragancias, y sin duda constituye uno de los elementos fundamentales de la cocina mediterránea, sobre todo como complemento para los tomates. Si el jardín es frío, es mejor cultivarla en el interior, en macetas, o bien en un rincón exterior resguardado.

Se cultiva a partir de semillas, que se siembran a principios de la primavera y, de nuevo, a mediados del verano. Coloque las plantitas por separado en macetas con sustrato con base de tierra, y trasplántelas a otras macetas más grandes o bien sáquelas, ya endurecidas, a un lugar soleado y resguardado del exterior, dejando una separación de 15 cm entre matas. Riegue cuando la tierra esté seca y despunte los extremos de los tallos para mantener una forma compacta y retrasar la floración.

Recoja las hojas a medida que las necesite. Si desea secarlas, corte la mata entera justo antes de la floración o con las primeras heladas y déjela secar tranquilamente en un lugar oscuro.

CEBOLLINO (*Allium schoenoprasum*)
Esta planta de bulbo, resistente y perenne, desarrolla una especie de manojos de hojas gruesas y redondeadas. Tiene un sabor agradable muy parecido al de la cebolla, y sus flores de color malva, además de bonitas, constituyen un sabroso condimento. Plántela en los márgenes y tenga unos cuantos ejemplares en macetas para consumir fuera de temporada.

Se cultiva a partir de semillas, que se siembran en primavera, tanto en hileras en

el exterior como en módulos bajo cristal. Cabe también la posibilidad de comprarla ya como planta a finales de la primavera. Espacie los grupos pequeños unos 23 cm y plántela en un suelo húmedo y fértil, en un enclave a pleno sol o con algo de sombra. Riegue de forma periódica si el tiempo es seco y realice una o dos podas drásticas para que se desarrollen brotes nuevos. Se propaga en otoño mediante división. Renueve las matas más grandes cada pocos años y plante las nuevas en tierra nueva.

Recolecte las hojas y las flores a medida que las necesite. Justo antes de la floración, recoja una buena cantidad para congelar.

ESTRAGÓN (*Artemisia dracunculus*)
La variedad francesa de estragón tiene un sabor más intenso que la rusa (*A.*

▽ **DEBIDO A SUS RAÍCES INVASIVAS,** *es mejor tener la menta, en cualquiera de sus variantes, en maceta. Por su parte, el cebollino en flor en macetas resulta de lo más colorido.*

◁ CON EL TIEMPO, *el romero puede llegar a convertirse en un arbusto extenso, siempre y cuando se cultive en un bancal elevado que drene bien y se encuentre junto a un muro soleado.*

MÁRGENES Y SETOS

❖

Al reflexionar sobre la distribución del jardín, no pase por alto la extraordinaria funcionalidad de las hierbas aromáticas. Las variedades de porte postrado, como la menta corsa, el poleo y la mayoría de las variedades de tomillo y orégano, permiten crear hermosas alfombras de follaje ideales para cubrir los márgenes y llenar huecos entre baldosas. Asimismo, el romero, la lavanda y el hisopo, todas ellas plantas arbustivas perennifolias, son perfectas para formar setos enanos entre arriates o para delimitar estos últimos.

dracunculoides), pero no siempre da buenos resultados en jardines fríos. La rusa, en cambio, es más basta tanto de forma como de sabor.

Cultívela en un suelo que drene bien y en un enclave soleado y seco, que quede a resguardo del viento frío. Si algún ejemplar resulta demasiado invasivo, proceda como con la menta. Para alargar la temporada, cultive unos cuantos ejemplares en una cajonera fría. Corte las matas después de las primeras heladas y proteja las raíces con un acolchado de paja u hojas otoñales. Se propaga por división de las raíces de los ejemplares maduros cada tres o cuatro años.

Recolecte las ramitas con hojas de esta planta de inconfundible aroma a medida que las consuma, o bien hágalo al inicio de la floración y congélelas o déjelas secar tranquilamente en un lugar templado.

MENTA (*Mentha*)

Existen varias clases de menta, todas ellas con un sabor delicioso, pero a no ser que se limite su crecimiento pueden llegar a invadir los alrededores. Para salsas, la mejor es la menta de manzana (*M. suaveolens*) así como la menta de Bowles (*M.* x *villosa alopecuroides*).

Cultive la menta en suelos húmedos, bien removidos y con abundante estiércol dentro de una maceta sin base o una bolsa de plástico con unos cuantos agujeros para el drenaje y enterrada en el suelo. Si piensa recoger hojas en verano, resérvele un enclave ligeramente sombreado. Riegue en abundancia en caso de que el tiempo sea seco y, a mediados de verano, corte algunos tallos para que puedan salir brotes nuevos. Las raíces se pueden enmacetar en otoño para forzarla bajo cristal. Para propagarla, divida las raíces de las matas ya arraigadas cada tres o cuatro años.

Recoja las hojas y los extremos de los tallos a medida que los consuma, o justo antes de la floración si desea congelarlos o hacer mermelada con ellos.

ROMERO (*Rosmarinus officinalis*)

El romero, perenne y muy resistente, está disponible en diversas variedades, desde las arbustivas de porte erguido a las de atractivo porte postrado. Todas ellas poseen unas hojas puntiagudas y abundantes, así como flores primaverales de color azul, blanco o rosa. Se trata de plantas tanto decorativas como aromáticas y atraen a las abejas durante la floración.

Cultive el romero en un suelo que drene bien y en un enclave a pleno sol y a resguardo del viento frío. Plántelo en primavera. También se puede cultivar

MÁS HIERBAS AROMÁTICAS

❖

El cultivo de hierbas aromáticas tiene bastante de compulsivo, de ahí que siempre haya un hueco para una variedad nueva. Las plantas que se detallan a continuación complementan a la perfección cualquier arriate y, además, muchas son lo bastante decorativas como para poderse cultivar en un macizo de flores.

AJEDREA (*Satureja*)
Aromática anual estival y perennes invernales.

ANGÉLICA (*Angelica archangelica*)
Bienal de porte erguido para lugares húmedos.

BERGAMOTA (*Monarda didyma*)
Planta de jardín campestre con flores de vivos colores, por las que las abejas sienten pasión.

BORRAJA (*Borago officinalis*)
Anual de flores azules que se emplea como verdura, en bebidas estivales y ensaladas.

ENELDO (*Anethum graveolens*)
Anual de olor intenso que se cultiva por sus hojas y semillas.

HINOJO (*Foeniculum vulgare*)
Planta de tallos altos con semillas anisadas.

MELISA (*Melissa officinalis*)
Perenne vigorosa y de hábito cobertor con un sabor dulzón a limón.

PERIFOLLO (*Anthriscus cerefolium*)
Anual de sabor dulzón y aromático.

55

en maceta, sobre todo las variedades matizadas, de menor resistencia. Tras la floración, despunte los tallos para darle forma a la planta. Se propaga mediante esquejes tomados de los vástagos laterales en otoño, o por acodo en invierno.

Recolecte las ramitas para su consumo inmediato en cualquier época del año, y espere a la floración para dejarlas secar tranquilamente en un lugar a la sombra.

Ideas para jardines pequeños

Una de las prioridades en cualquier jardín de pequeñas dimensiones es aprovechar al máximo el espacio. No se desanime ante las limitaciones que puedan presentar un balcón, un terrado, una terraza o un simple patio: basta un poco de imaginación para sacar el máximo rendimiento a cada palmo disponible.

◁ **ESTE CAZO EN DESUSO** *se ha convertido en una maceta lo bastante profunda y templada como para plantar en ella una especie tan insaciable como el fresal.*

VALORAR EL ESPACIO

Rara es la persona que puede disponer de espacio suficiente como para cultivar lo que tiene en mente, de ahí que muchos jardineros no tengan más remedio que adecuar sus pretensiones a las limitaciones del terreno. Las técnicas clásicas para jardines culinarios daban por sentado que se disponía de enormes extensiones de terreno, por lo que los métodos de cultivo que se proponían no son válidos para las proporciones de hoy en día. No obstante, la mayoría de las plantas crecen sin problemas allí donde hay un palmo de tierra disponible, e incluso el rincón menos acogedor es capaz de albergar plantas con flores y frutos.

Tal como se sugería al principio del libro, realice una lista breve con las plantas cuya inclusión considere imprescindible. Sopese el enorme potencial de las variedades enanas (*véase* pág. 40 para las hortalizas) y averigüe sus requisitos y preferencias. Son pocas las plantas que no pueden cultivarse en macetas o en cualquier otro lugar de espacio limitado, y la mayoría de las variedades tempranas de las hortalizas apenas ocupan sitio.

Estudie la viabilidad de aprovechar espacios poco habituales, como el techo del cobertizo, la parte de arriba de un muro o los laterales de una escalera (ideales para una hilera de macetas). Los muros, las vallas e, incluso, los mismos setos constituyen un espacio privilegiado para los frutales guiados, los árboles enanos y las hortalizas trepadoras. Por otro lado, se pueden colgar macetas y jardineras por medio de aros, alambres o aleros. Otra posibilidad consiste en enmarcar una puerta con frutales en cordón, convertir un paseo en un túnel de lo más productivo, crear un porche con cañas de bambú y habichuelas, así como embellecer cubas y artesas con matas de hierbas aromáticas y hortalizas de ensalada. De hecho, lo único que hace falta es tener ganas de hacerlo.

MACIZOS DE HORTALIZAS

La mayoría de las plantas crecen de forma espontánea en compañía de otras especies, tendencia ésta que se puede explotar cultivando varias hortalizas en una misma maceta. En vez de utilizar la típica maceta individual, dé un uso diferente a alguna artesa de piedra o metal, o emplee cuencos anchos y poco profundos o simples cajas de madera reutilizadas. Extienda en la base una capa generosa de estiércol compostado y acabe de rellenar el recipiente con un sustrato rico con base de tierra, como John Innes n.º 3. Por último, plante en él una nutrida selección de hortalizas que se complementen entre sí, como por ejemplo una selección de variedades de ensalada con unas cañas de bambú en el centro, dispuestas en forma de tienda de campaña con un pepino y un guisante en la base. Otra combinación interesante es una judía guiada sobre un maíz plantado a su vez sobre un fondo de calabazas de verano. Complete cualquiera de estas combinaciones con alguna trepadora, como la espinaca de Nueva Zelanda o unas fresas silvestres plantadas junto a los bordes.

JARDINES COLGANTES

Los tradicionales cestos colgantes pueden albergar una gran variedad de hortalizas, desde perejil a tomateras trepadoras, aunque precisan de un riego más frecuente y generoso de lo normal. En ese sentido, una alternativa muy interesante la constituyen las macetas con forma de tubo que cuentan con una serie de agujeros repletos de sustrato donde se colocan las plantas, y que se cuelgan en sentido vertical de un voladizo

◁ **LAS CAJAS DE MADERA** *impermeabilizada pueden transformarse en jardineras, las cuales combinan bien con otros materiales al tiempo que aíslan las raíces de las heladas suaves.*

◁ **APROVECHE** *todas las superficies verticales para colgar de ellas macetas con hortalizas de pequeñas dimensiones y flores veraniegas.*

necesidad de crecer demasiado.

INVERNADERO DE VENTANA

Los invernaderos de ventana, tanto en su cara interior como exterior, ofrecen un espacio con grandes posibilidades. La cara que da al interior resulta ideal para cultivar plantas a partir de semilla, como judías tiernas, alfalfa y otras muchas nutritivas hortalizas de semilla, así como planteles, siempre y cuando los supervise cada día e impida que se inclinen hacia el sol. Asimismo, los planteles de hortalizas de cosecha múltiple cultivados en bandejas se pueden tener aquí durante toda su vida productiva.

La cara exterior del invernadero se puede aprovechar durante todo el año si es lo bastante profunda y contiene una gran cantidad de un sustrato rico. Otra opción es cubrirla con una capa de compost de corteza y colocar en ella macetas con cualquier tipo de hortalizas hasta que se hagan lo bastante grandes y se reemplacen por otras. Asegúrese de que el invernadero quede bien sujeto, ya que cuando está lleno pesa mucho. Si queda expuesto a vientos intensos, coloque unas pantallas con sacos o lienzos a modo de cortavientos. Asimismo, cuando haga frío, proteja las plantas con frascos de mermelada o campanas de cristal en miniatura.

SUPERFICIES DURAS

Los senderos, imprescindibles en cualquier jardín de grandes dimensiones, se convierten en todo un lujo cuando se dispone de un espacio bastante limitado. En su lugar, intercale baldosas entre las plantas, o bien fabrique dicho sendero con fragmentos de

losas y hierbas de hábito rastrero. Si todo el jardín descansa sobre una superficie dura, seguro que encuentra alguna que otra zona donde cultivar. Una posibilidad es elevar las losas o las piedras o bien instalar macizos elevados con unos cuantos ladrillos. Asimismo, se puede levantar un muro bajo junto a otro principal y rellenar el hueco vacío que queda entre ambos con una base de cascajos para el drenaje recubierta de sustrato.

Las macetas con pie son ideales para cultivar fresales, aunque también dan muy buenos resultados con hierbas aromáticas, lechugas, fríjoles y tomateras. Además, ocupan muy poco espacio. Los sacos de cultivo, tumbados directamente sobre el suelo o bien cortados por la mitad y puestos en sentido vertical, pueden convertirse en improvisados bancales para hortalizas; enmárquelos con un recubrimiento de madera para disimular sus llamativos colores. Para ello, coloque dos sacos uno encima de otro y corte o perfore la superficie de plástico de forma que las raíces de las plantas puedan penetrar hasta el fondo. Este sistema da muy buenos resultados con habichuelas, pepinos y calabazas, que se pueden guiar sobre unos aros colgados del voladizo o el propio alféizar.

57

o en sentido horizontal de un alféizar. Aunque están pensadas como arriate estival, permiten obtener una abundante cosecha de hierbas aromáticas, hortalizas de ensalada y de hoja, e incluso fresas.

COMBINAR HORTALIZAS

Gracias a la extraordinaria variedad de hortalizas disponibles hoy en día, podemos contar al mismo tiempo con variedades tempranas o tardías, enanas o de dimensiones corrientes, de crecimiento rápido o de crecimiento normal. En vez de cultivar una misma especie en hileras o secciones independientes, mezcle en una misma siembra variedades tanto precoces como de media temporada y tardías para de ese modo aumentar en el tiempo el rendimiento de una zona pequeña de un bancal o una jardinera. De hecho, se venden sobres con semillas de múltiples especies. Una mezcla que da muy buenos resultados es la de variedades enanas con otras de porte erguido. Así, por poner un ejemplo, el guisante de enrame, muy prolífico pero a cierta distancia de la base, se puede cultivar junto a una variedad enana que florezca sin

UN JARDÍN DE HIERBAS EN MADERA

Una caja honda de madera sostenida sobre cuatro pies robustos hace las veces de un práctico bancal elevado donde cultivar las hierbas aromáticas más pequeñas, como el tomillo, el orégano, la albahaca, el perejil y el cebollino. Después de tratar la madera con un producto impermeabilizante o forrarla con plástico, extienda sobre la base una capa de guijarros para asegurar un buen drenaje. A continuación, rellene la caja con sustrato con base de tierra, coloque las hierbas y recubra la superficie con un acolchado de grava. Si come en el exterior, coloque una o dos piedras de pizarra donde los comensales puedan dejar el plato mientras pellizcan alguna ramita de las hierbas.

Plagas y enfermedades

Todo jardín alberga una comunidad heterogénea de organismos. De éstos, los hay que son verdaderos aliados para el jardinero, mientras que otros constituyen una seria amenaza para la salud de las plantas. Es importante saber distinguir unos de otros para así poder cultivar unas plantas sanas y lozanas, así como elegir el método más adecuado y respetuoso con las plantas para combatir las plagas y las enfermedades.

UNA VISIÓN GLOBAL

En un jardín, es imposible evitar la presencia de plagas y enfermedades. Como parte indisoluble del ciclo de la vida que son, pueden tardar más o menos en aparecer, pero no cabe duda de que al final acaban haciéndolo. Lógicamente, tendrán una mayor o menor incidencia en función de las técnicas de cultivo que se hayan empleado y de la forma en que se haya sabido reaccionar ante su aparición.

Si el suelo está bien abonado y se ha cultivado con una estudiada variedad de plantas fuertes y sanas, lo más probable es que las enfermedades no vayan a más. De hecho, basta con tomar unas cuantas medidas de prevención básicas, mantener el jardín limpio y ordenado, y fomentar las fuentes naturales de control, como los depredadores, para mantener a una distancia más que prudente las plagas y las enfermedades, de modo que tan sólo actúen de forma esporádica. Y, cuando esto sucede, la mayoría de las veces es resultado de algún error en el cuidado de las plantas, como un riego demasiado espaciado o un uso excesivo de productos químicos.

PLAGAS MÁS COMUNES

La población de insectos en un jardín es múltiple y diversa. De ésta, tan sólo una mínima parte es hostil y suele responder a una serie de condicionantes estacionales bastante previsibles. Las plagas de exterior más frecuentes suelen ser de babosas, caracoles, áfidos, orugas y, si el tiempo es seco, de crías de araña roja. Los gorgojos de la viña y las cochinillas no son tan habituales, pero pueden representar todo un problema en puntos muy localizados. Otras plagas, como la mosca blanca de las crucíferas o los pulgones, son en realidad más un incordio que una auténtica amenaza.

Muchas veces, la frecuencia de una plaga viene determinada por condicionantes climáticas. Así, por ejemplo, las babosas y los caracoles, que gustan de un entorno húmedo y tienen un estómago insaciable, se multiplican enormemente durante la época de lluvias o cuando se riega el terreno con mucha frecuencia. La benignidad del clima propicia la multiplicación de las mariposas y las polillas, tan deseables en unos casos pero tan temidas cuando son todavía orugas y devastan las plantas del jardín. No obstante, la mayoría de las plagas se pueden combatir con un sencillo tratamiento.

Trampa para mosquitas

Medidas de prevención

• Las barreras físicas dan buenos resultados. Los plásticos no sólo conservan el calor, sino que además impiden que las hembras de los insectos desoven en ciertas hortalizas, como las coles o las zanahorias. Las redes, a su vez, mantienen alejados a los pájaros de las crucíferas y de los frutales, lo mismo que los gatos en los semilleros.

• Para detener a los caracoles y las babosas basta con rodear cada planta con cáscara de huevo chafada, limo u hollín fresco. De todos modos, son presa fácil cualquier noche húmeda o después de la lluvia.

• El control manual también funciona. Retire, pues, las orugas, limpie una zona infestada de áfidos con un trapo y quite a mano los insectos nocivos más grandes azadonando la tierra.

• Las trampas dan buenos resultados con las babosas y las plagas de insectos en frutales, mientras que el método biológico de introducir depredadores y parásitos naturales funciona con otras muchas plagas.

• Por último, limpie los lugares más proclives a contraer plagas, mantenga las plantas sanas y lozanas, y cultive en la medida de lo posible variedades resistentes. Los productos químicos deberían dejarse como último recurso.

ALIADOS NATURALES

Es importante distinguir a los amigos de los enemigos. Por ejemplo, el milpiés, lento y de color negro, es vegetariano y se alimenta sólo de plantas, mientras que el ciempiés, de movimientos mucho más rápidos, así como muchos escarabajos, son depredadores natos que se alimentan de insectos perjudiciales. Facilite la permanencia de depredadores que ya existan en el jardín, como los mismos pájaros: el tordo permite regular la presencia de caracoles, mientras que el herrerillo come cantidades ingentes de áfidos. Las crías de las mariquitas, las libélulas y los neurópteros también se alimentan de áfidos, de modo que intente atraer a ejemplares adultos plantando flores ricas en néctar como uva de gato y milenrama. Un estanque, por pequeño que sea, atraerá a sapos y ranas, dos insaciables insectívoros.

Herrerillo

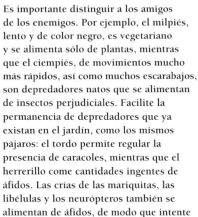

ENFERMEDADES MÁS COMUNES

Muchas veces, las enfermedades son mucho más devastadoras que las propias plagas ya que, en principio, resultan más difíciles de controlar y se agravan si no se interviene a tiempo. En la mayoría de los casos, vienen provocadas por diversos agentes patógenos (hongos, bacterias o virus) que proceden de plantas ya infectadas. Algunas pueden tener graves consecuencias, si bien la mayor parte de ellas se ceban básicamente en los ejemplares débiles y enfermos. Al igual que con las plagas, lo mejor para prevenirlas es cuidar las plantas de modo que crezcan sanas y robustas.

Entre las enfermedades más extendidas destacan el mildiu, el moho gris, la negrilla, la roya, la podredumbre, las enfermedades víricas y toda una serie de organismos mucho más especializados, como la sarna de la patata, el mildiu de la tomatera o los que provocan la abolladura del melocotonero. Conviene tener presente que las plantas no son inmortales y que muchas veces la

△ **LA MITAD SUPERIOR** *de las botellas de plástico transparentes son una práctica campana con la que proteger las plantitas recién trasplantadas. Cuando haga bueno, retírelas para que se aireen.*

△ **TRAMPA COLGANTE DE FEROMONAS** *suspendida de las ramas de un frutal, que atrae como un señuelo a los insectos machos para que no fecunden los huevos de las hembras.*

aparición de una enfermedad no es sino el fiel reflejo del desgaste de las mismas, con lo que lo mejor es arrancarlas. Éste es, sin duda, un enfoque válido para gran parte de las hortalizas, ya que una vez infectadas rara vez vale la pena tratarlas. No obstante, sí que conviene retirarlas para que no propaguen la enfermedad.

Medidas de prevención

• Más vale prevenir. Cultive sólo plantas sanas de apariencia lozana y, en el caso de los frutales y las patatas, sólo los ejemplares que tengan garantía.
• En la medida de lo posible, elija variedades de semilla resistentes, rote los cultivos (*véase* pág. 14) para reducir el riesgo de contagio e intercálelos con especies que no estén emparentadas. Recuerde que muchas malas hierbas son transmisoras potenciales de enfermedades.
• En enclaves problemáticos, opte por las variedades que mejor se adapten a los mismos: algunos cultivares de manzano, por ejemplo, desarrollan chancro en suelos húmedos.
• Atención a la dejadez: el sustrato para macetas encharcado es terreno abonado para las enfermedades; el mildiu prospera en lugares poco ventilados, y una poda a destiempo puede provocar la aparición de la enfermedad, que hace platear las hojas, o de escarabajos.

Las enfermedades víricas son causa de una gran variedad de trastornos que, por inevitables e incurables, dejan al jardinero totalmente indefenso. Uno de los síntomas más claros es la aparición de motas o rayas en las hojas, así como la decoloración de las mismas y la reducción de la cosecha. Esta última suele ser imperceptible y no se hace patente hasta que no se compara con la de plantas nuevas y sanas. Los insectos chupadores de savia, como los áfidos, propagan enfermedades, por lo que las grandes concentraciones, sobre todo de especies aladas, deben controlarse. En lo posible, decántese por cultivares resistentes a las enfermedades víricas, evite la dejadez y destruya las plantas infectadas antes de que la enfermedad se propague.

59

• Limpie de forma periódica el invernadero y lave con desinfectante las macetas, las bandejas y las etiquetas que estén sucias. Utilice siempre sustrato para macetas nuevo y deje abiertos los sacos para que no surja ningún foco de infección.
• Aprenda a reconocer los síntomas de alarma, como las hojas que amarillean o los tallos que se tuercen. Si logra eliminar a tiempo las hojas o los tallos afectados, salvará el resto de la planta.
• Aísle las plantas en maceta infectadas, queme los despojos enfermos y realice un seguimiento sobre la población de áfidos, que propagan gran cantidad de enfermedades.
• Tenga siempre a mano un fungicida para los brotes más serios. Resulta especialmente útil para atajar una infección de hongos esporádica, pero no tanto si se trata de una enfermedad en toda regla.
• No se asuste nunca. Muchas veces, el síntoma de una hipotética enfermedad no es más que un mero trastorno fisiológico como consecuencia del tiempo o de una alimentación errónea.

Malas hierbas

La naturaleza detesta la limpieza a fondo, tanto más en los suelos removidos, donde hay una reserva inacabable de malas hierbas dispuestas a germinar a la primera. Éstas compiten con las plantas de cultivo por hacerse con el espacio y los nutrientes del suelo disponibles, de ahí la conveniencia de combatirlas con alguno de estos métodos.

MALAS HIERBAS O FLORES SILVESTRES

Como jardineros, sabemos lo que son las malas hierbas, aunque lo más probable es que no todos coincidamos en nuestra percepción de las mismas. Así, por ejemplo, la diferencia entre mala hierba y flor silvestre no resulta nada clara. Si nos remitimos a la definición más extendida, por mala hierba se entiende sencillamente cualquier hierba indeseada o, en palabras mucho más diplomáticas del ensayista Emerson, «aquella planta cuyas virtudes permanecen todavía por desvelar».

En un jardín culinario aprovechado al máximo, sobre todo si es de dimensiones reducidas, no hay lugar para las malas hierbas y, si se permite que se propaguen libremente, pueden convertirse en un auténtico problema al competir con las plantas de cultivo por los recursos limitados de agua, luz y nutrientes disponibles. Además, se convierten en refugio predilecto de numerosas plagas y enfermedades, con el riesgo que ello conlleva para el resto de las plantas. Es evidente que las malas hierbas nunca se pueden llegar a erradicar del todo, pero en cambio sí que se pueden mantener más o menos controladas y a un nivel aceptable sin mayor problema.

COMBATIR LAS MALAS HIERBAS

Dice la gente de campo que un año de siembra suele traer consigo siete, diez e incluso más años de malas hierbas, y no les falta razón. Las malas hierbas son plantas colonizadoras natas, capaces de multiplicarse y sobrevivir en los entornos menos favorables. De hecho, esta capacidad innata se debe en gran parte a su extraordinaria fecundidad y a los mecanismos que han desarrollado para dispersar las semillas. Por ello mismo, es fundamental arrancar las hierbas antes de que florezcan y llevarlas lejos, ya que las semillas son capaces de madurar aun después de haber arrancado la hierba.

Si se azadona y entrecava el terreno de forma periódica, lo más probable es que las anuales no se asienten en él y que las perennes acaben debilitándose. En caso de que remueva la tierra de un bancal o prepare un invernadero, deje que la tierra se asiente durante una semana o más, tiempo más que suficiente como para que broten las malas hierbas que pudiera haber cerca de la superficie y, de ese modo, poderlas arrancar y dejar completamente limpio el bancal. Disponga las plantas muy juntas unas de otras, de forma que proyecten sombra sobre el suelo e impidan el crecimiento de las malas hierbas. Intente regarlas una a una en vez de anegar una extensión de terreno, lo que no hace sino estimular la aparición de más hierbas indeseables.

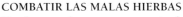
Trébol rojo

Correhuela mayor

60

MEDIDAS DE PREVENCIÓN

El primer paso consiste en preparar a conciencia el terreno a principios de temporada, a lo que debe seguir un azadonado periódico del terreno, una limpieza a mano del mismo y, entre principios de la primavera y principios o mediados de otoño, un acolchado. Por regla general, estas técnicas básicas resultan más que suficientes, incluso con las problemáticas perennes de raíces profundas, pero se requiere una buena dosis de perseverancia. A excepción de los enclaves más difíciles y los senderos, no es preciso recurrir a los herbicidas químicos, por otro lado nada fáciles de aplicar con precisión en un jardín pequeño y abarrotado de plantas. Si, no obstante, decide recurrir a algún herbicida, aplíquelo un día en que no haga demasiado viento con ayuda de una regadera especialmente reservada para el caso; si no es así, lávela a conciencia al acabar.

MALAS HIERBAS ANUALES

Aunque son muy prolíficas, lo cierto es que las raíces de las malas hierbas anuales son superficiales y se pueden arrancar sin problema. Una buena manera de acabar con ellas es azadonando el terreno cuando hace buen tiempo, con lo que además se consigue que las semillas salgan al exterior y se reduzca su presencia de forma paulatina. Otra opción es el acolchado, que impide que las semillas reciban luz del exterior y lleguen a germinar, al tiempo que evita tener que remover la tierra en profundidad, con lo que las semillas quedan en reposo bajo tierra. A no ser que estén en plena fase de floración, puede compostarlas o enterrarlas de modo que vuelvan al suelo como nutrientes.

Ranúculo

MALAS HIERBAS PERENNES

Las malas hierbas perennes contribuyen a airear el suelo así como a absorber los minerales situados en las capas más profundas, pero también causan muchos más problemas que las anuales. Poseen una fecundidad tan asombrosa como estas últimas, pero no se limitan a la propagación mediante semillas, sino que poseen además otras técnicas vegetativas, como rizomas enterrados a gran profundidad, estolones superficiales e incluso bulbos pequeños en el caso de la acederilla. Cualquier fragmento que quede en la superficie es susceptible de rebrotar, a veces incluso con más virulencia que antes. Así, por ejemplo, nada más cortar un simple trozo de raíz de hierba rastrera, las yemas en reposo que alberga se despiertan y empiezan a desarrollar raíces. Por ello, al remover la tierra resulta fundamental eliminar el mayor número posible de fragmentos de raíces y estar atento ante cualquier hipotético rebrote, que se debe azadonar o arrancar de inmediato.

△ **LOS RECUBRIMIENTOS** *de tejido plástico constituyen un efectivo y duradero acolchado contra las malas hierbas, al tiempo que dejan pasar el agua al suelo y lo mantienen húmedo.*

SACAR PARTIDO

Como cualquier otra planta, las malas hierbas absorben nutrientes de la tierra que devuelven al descomponerse una vez ya muertas, así que no las desaproveche. Resultan de gran utilidad a la hora de elaborar compost, pero evite las anuales que estén enfermas o tengan semillas, así como las raíces de las perennes, a no ser que la pila de compost pueda generar calor suficiente como para descomponerlas. De hecho, tanto las raíces de la ortiga como las del saúco y la hierba rastrera son lo bastante resistentes como para sobrevivir enterradas bajo una pila de compost. En verano, extiéndalas al sol hasta que se sequen del todo y añádalas entonces a la pila para aprovechar su rico contenido en minerales. Si lo prefiere, quémelas y extienda las cenizas, ricas en potasio, sobre la pila.

◁ **EL BINADO** *constituye un buen ejercicio y, si se practica con regularidad cuando las malas hierbas son todavía pequeñas, evita que éstas se conviertan más adelante en una amenaza para las plantas*

DESBROZAR UN TERRENO POR PRIMERA VEZ

Limpiar un terreno infestado de malas hierbas no es en absoluto tarea fácil. A buen seguro, éstas estarán perfectamente arraigadas, y muchas de ellas con raíces gruesas y profundas, por lo que no resulta nada fácil extraerlas. Así pues, divida el trabajo en cómodas fases.

○ Lo primero es cortar las hierbas que sobresalen por encima del suelo. Para ello, utilice unas tijeras de recortar, una hoz, un cortacéspedes o una segadora con una cuchilla regulable que permita cortar la mayoría de las malas hierbas. Corte los tallos leñosos con ayuda de unas podaderas sencillas o de mango largo.

○ Una vez se hayan retirado todas esas hierbas para quemar o compostar, pase por el terreno una segadora con ruedas (compruebe antes que no haya ningún obstáculo oculto). Considere si debe pasar dicha segadora por todo el terreno de una sola tirada o si, por el contrario, es preferible dividirla en secciones.

○ Una de las opciones más extendidas y drásticas consiste en rociar el terreno con un herbicida, como el glifosato, tan pronto como aparezcan los primeros brotes de malas hierbas.

○ Los partidarios de la jardinería orgánica prefieren combatir las malas hierbas extendiendo sobre el terreno alfombras viejas o trozos de cartón, de modo que se queden sin luz ni aire, aunque pueden llegar a tardar un año entero en morir.

○ Una alternativa que da muy buenos resultados es retirar con ayuda de una pala la capa superficial de tierra y malas hierbas (5 cm de grosor) para, acto seguido, azadonar el suelo expuesto de modo que se rompa más fácilmente. Corte la capa en secciones y cúbrala con polietileno de color negro durante un año para matar las malas hierbas. Por último, devuelva la tierra al jardín.

61

62

63

AGRADECIMIENTOS

Tanto el autor como el editor desean agradecer la valiosa ayuda de las siguientes personas a la hora de realizar este libro: **P. Mitchell**, **R. Hills** y **Victoria Sanders**, por permitirnos tomar fotografías en sus jardines; **Paul Elding** y **Stuart Watson**, de BOURNE VALLEY NURSERIES, Addlestone, Surrey (Inglaterra), por su asesoramiento, equipo y estudio.

CRÉDITOS DE LAS FOTOGRAFÍAS

CLAVE: s = superior; i = inferior; iz = izquierda; d = derecha; c = centro; D = diseñador; J = jardín.

Neil Campbell-Sharp: J: Westwind 24d.

ELSOMS SEEDS LTD.: 40d.

GARDEN FOLIO: **Graham Strong** 46d.

John Glover: 10s, 32d, 33id, 38i, 38s, 42iz, 42d, 43id, 45d, 46iiz, 46sd, 48iz.

HARPUR GARDEN LIBRARY: D: Tessa King-Farlow 8d; Ron Simple 9i.

GARDEN AND WILDLIFE MATTERS PHOTO LIBRARY: 13iiz, 16i, 22s, 23i, 31i, 58sd, 59, 60 todas, 61sd; **David Cross** 17siz; **John Phipps** 15s, 16i; **Debi Wager** 17d.

Jacqui Hurst: J: Wreatham House 32iiz.

Andrew Lawson: J: Barnsley House 6sd, 9s, 31s, 34s, 34i, 37i, 43iiz, 45iz, 48d, 53c, 54, 55, 59iiz.

CLIVE NICHOLS GARDEN PICTURES: **Clive Nichols** J: Ivy Cottage, Dorset 4i; J: Heligan, Hampton Court Show 1998, 5siz; J: Bourton House, Glos 14i; J: Manoir Aux Quatre Saisons, Oxon 20i; D: Rupert Golby, Chelsea 1995 29s; J: The Old Rectory, Berks 35i; D: Julie Toll 36s; J: National Asthma, Chelsea 1993 50, 53d; J: The Chef's Roof Garden, Chelsea 1999; D: Sir Terence Conran 56iiz; **Graham Strong** 56siz, 57.

PHOTOS HORTICULTURAL PICTURE LIBRARY: 12s, 13s, 17s, 19i, 20s, 22i, 23s, 30i, 35s, 37s, 6 iiz.

DEREK ST. ROMAINE PHOTOGRAPHY: **Derek St. Romaine** J: Rosemoor 10iz, 10d, 33siz, 38siz, 39d, 53siz, 54siz; D: Matthew Bell y Noula Hancock, Chelsea 1994 52 iz, 53iz, 54iz.

THE GARDEN PICTURE LIBRARY: **David Askham** 28d; **Lynne Brotchie** 52id; **John Glover** 11sd, 32 iz, 38sd, 46iz, 46d: Gil Hanly 27iz; **Michael Howes** 28iz; **Jacqui Hurst** 21s, 32i; **Mayer/Le Scanff** 6iz, 26iz, 26d, 44iiz; **Howard Rice** 29i, 47iiz; **Friedrich Strauss** 44id; **Juliette Wade** 6s.

AL TOZER LTD.: 40iz.

FOTOGRAFÍA ADICIONAL: **Peter Anderson** 3id, 6i, 11iiz, 11ic, 11id, 19iz, 19c, 19sd, 21i, 25id, 33s, 39iz, 41i, 43s, 49siz, 49d. **Steve Gorton** 1, 3sd, 5id, 18 todas, 25siz, 25iiz, 25ic, 27 todas, 32siz, 44sd, 47sd, 49iiz, 51s, 52s.

A-Z BOTANICAL **Sheila Orme** J: Dry Stanford Manor, Oxon 51i; **Geoff Kidd** 54i.

Maurice Walker 58iiz.